Caminhando para Deus

Caminhando para Deus
um pensamento de Santa Teresinha
para cada dia do ano

PAULUS

Seleção de textos por
Fr. Patrício Sciadini, carmelita descalço
Revisão: *Tiago José Risi Leme*
Capa: *Raquel Ferreira Cardoso*

 Seja um leitor preferencial **PAULUS**.
Cadastre-se e receba informações sobre
nossos lançamentos e nossas promoções:
paulus.com.br/cadastro
Televendas: **(11) 3789-4000 / 0800 016 40 11**

1ª edição, 1978
16ª reimpressão, 2024

© PAULUS – 1978

Rua Francisco Cruz, 229 • 04117-091 – São Paulo (Brasil)
Tel.: (11) 5087-3700
paulus.com.br • editorial@paulus.com.br

ISBN 978-85-349-0992-1

Prefácio

Escrever o prefácio de um livro constitui, às vezes, tempo perdido. Muitas pessoas nem se dão o trabalho de lê-lo; mas na verdade é um grande erro. O prefácio é a porta de entrada que nos permite entender o conteúdo do livro, como deve ser lido e por que o autor o escreveu.

O livro *Caminhando para Deus*, que já chegou a mais de 10 reimpressões, não precisa, portanto, de apresentação. Seria mais justo dizer o livro "de Santa Teresinha do Menino Jesus", uma série de textos extraídos com critério dos seus escritos e dispostos em certa ordem lógica: Igreja, oração, Maria, direção espiritual, Eucaristia... Para cada mês há um tema teresiano que nos acompanha e nos convida a rezar e meditar sobre palavras de Santa Teresinha.

Em 1997 celebrou-se o I centenário da morte desta jovem carmelita descalça, que no breve espaço de tempo de 24 anos conseguiu chegar à santidade. Não percorrendo caminhos difíceis, mas os caminhos do dia a dia, feitos de monotonia e de normalidade. Santa Teresinha tem o grande merecimento de ser um gênio da espiritualidade. Realizou uma descoberta simples, do "ovo de Colombo", como ela diria. Uma vez que se descobre é fácil, mas ter as intuições necessárias para perceber a beleza e a misericórdia do Senhor é um trabalho que só pouquíssimas pessoas sabem fazer. Para saber descobrir na Bíblia um sentido todo especial para ler as palavras que parecem as mais simples da vida e dar-lhes uma força toda particular, é necessário ser gênio.

Os gênios são pessoas curiosas e atentas ao que acontece ao seu redor, que conseguem descobrir a presença viva de Deus lá onde nós não sabemos enxergar nada.

Santa Teresinha do Menino Jesus soube ver a vida com "olhos diferentes", com os mesmos olhos do Bom Deus, cheio de misericórdia e de amor. Ela é incapaz de pensar mal dos outros, de fazer o mal. Só sabe cantar as misericórdias do Senhor. Uma menina que parece ingênua, quase simplória, mas que, na verdade, carrega no seu coração uma força e uma coragem que nos deixam maravilhados.

Não está preocupada consigo mesma; sai da infância e entra na maturidade espiritual aos 15 anos e doa toda a sua vida ao serviço de Deus e da Igreja no carmelo. Tem um ideal bem claro diante de si: ser carmelita, esposa e mãe. Rezar pelos pecadores e pelos sacerdotes. Ensinar às almas simples, pobres, um "caminho novo, reto, seguro", que leve à santidade sem medo de errar.

Teresa de Lisieux é a chave que abre a porta para o terceiro milênio, apresentando-nos uma espiritualidade sem medo, a espiritualidade da confiança e do abandono ao amor infinito de Deus. Uma mulher que assume a própria feminilidade e que oferece uma visão nova da verdadeira emancipação da mulher: impor-se na sociedade pela sua capacidade de amar, pela sua santidade, pela sua autoridade moral. Teresa do Menino Jesus, no seio da Igreja, onde ela escolheu ser o amor, fala com autoridade incontestável. A sua ciência, como ela a chama, é a ciência do amor. Por isso se tornou doutora, além de saber passar aos outros a sua experiência. Ler os escritos de Santa Teresa do Menino Jesus é aproximar-se de uma fonte cristalina, onde brota água viva. Nela não se encontram frases rebuscadas ou conceitos difíceis, mas o relato da vida simples de cada dia.

Não é necessário carregar o dicionário para entender o que Santa Teresinha quer dizer; qualquer um é capaz de compreender. O seu vocabulário pode parecer pobre, mas na verdade é simples, direto, e fala ao coração, mais do que à inteligência.

Acredito que neste ano do I centenário de sua entrada na glória, de sua morte, a mensagem de Santa Teresinha pode restituir ao homem e à mulher "tecnológicos" a alegria da simplicidade de vida.

Precisamos afastar-nos da eficiência dos meios da ciência para reassumir a importância do amor e da vida.

Teresa quis apresentar-se a Deus "de mãos vazias" porque tudo o que tinha o doou aos outros, e Deus, que ama os de mãos vazias, encheu suas mãos de amor, de pétalas de rosas, para lançá-las sobre a terra, que não raramente é um deserto árido e sem flores.

Frei Patrício Sciadini, o.c.d.
Fevereiro, 1997

Abreviaturas:
MA A – Manuscritos Autobiográficos A
  (À Madre Inês)
MA B – Manuscritos Autobiográficos B
  (À Ir. Maria do Sagr. Coração)
MA C – Manuscritos Autobiográficos C
  (À Madre Maria de Gonzaga)
  C – Cartas
  NV – *Novíssima Verba*
  O – Orações
  P – Poesias

Janeiro

ABANDONO
esconder-se nos braços de Deus

• Janeiro 1

Como uma criancinha

Jesus se compraz em apontar-me o único caminho que conduz a essa fornalha divina, isto é, o abandono da criancinha que adormece sem temor nos braços de seu pai... O espírito de Amor declarou que "a misericórdia é concedida aos pequenos".[1] Em seu nome, revela-nos o profeta Isaías que, no último dia, "o Senhor conduzirá seu rebanho às pastagens, reunirá os cordeirinhos e os estreitará ao coração"[2] e, como se todas essas promessas não bastassem, o mesmo profeta, cujo olhar inspirado já penetrava nas profundezas da eternidade, exclama em nome do Senhor: "Como uma mãe acaricia seu filhinho, assim eu vos consolarei, carregar-vos-ei ao peito, acariciar-vos-ei sobre meus joelhos".[3]

MA B 1

[1] Sb 6.7.
[2] Is 40,11.
[3] Is 66,13-12.

2 Janeiro

Caniçozinho[1]

Que importa ao caniçozinho dobrar-se? Não tem medo de quebrar, pois foi plantado à beira d'água. Em vez de tocar o chão quando verga, encontra uma onda salutar que o fortifica e lhe suscita o desejo de que nova tempestade venha passar sobre sua frágil cabeça. É sua fraqueza que constitui toda a sua confiança.

C 68

---

[1] As Carmelitas, em lugar de números ou letras para marcar algumas peças de roupa, utilizam um símbolo. O "caniço" foi o sinal dado a Teresa. Agradou-lhe tanto que colocou-o em seu "místico brasão".

• Janeiro 3

Nos braços de um terno amigo

Às vezes, quando leio certos tratados espirituais em que a perfeição é apresentada através de mil obstáculos, cercada de uma multidão de ilusões, meu pobre espírito cansa-se bem depressa. Fecho o sábio livro que me quebra a cabeça e me disseca o coração, e pego a Sagrada Escritura. Então tudo parece luminoso, uma só palavra descobre à minha alma horizontes infinitos, a perfeição parece-me fácil: vejo que basta reconhecer seu nada e abandonar-se como uma criança nos braços do bom Deus.

Deixando às grandes almas, aos grandes espíritos, os belos livros que não posso compreender, ainda menos pôr em prática, alegro-me por ser pequena, pois "só as crianças e aqueles que se lhes assemelham serão admitidos ao banquete celeste".[1]

C 203

---

[1] Mt 19,4; Mc 10,14; Lc 18,16.

4 Janeiro

Como um fraco passarinho

Considero-me como um fraco passarinho, coberto apenas de uma leve penugem. Não sou águia, dela tenho, simplesmente, os olhos e o coração, pois, apesar de minha extrema pequenez, ouso fixar o Sol divino, o Sol do Amor, e meu coração experimenta todas as aspirações da Águia... O passarinho quisera voar para o Sol fulgurante que lhe fascina os olhos, quisera imitar as águias, suas irmãs, que vê se elevarem até o divino foco da Santíssima Trindade... Mas ah! Tudo o que pode fazer é levantar as asinhas; voar, porém, não está em suas pequenas forças! O que irá fazer? Morrer de tristeza, vendo-se tão impotente?... Ah! não! O passarinho nem sequer se afligirá. Com um audacioso abandono continuará fixando seu divino Sol. Nada o poderia amedrontar, nem o vento, nem a chuva.

MA B 5

Janeiro 5

A minha única bússola

Agora não tenho mais nenhum desejo a não ser o de amar a Jesus até a loucura... Não desejo mais o sofrimento nem a morte; no entanto, amo a ambos, mas é o amor só que me atrai... Ambicionei-os por muito tempo, possuí o sofrimento e acreditei que já abordava às praias do Céu; pensei que a florzinha seria colhida em sua primavera... Agora, o que me guia é só o abandono, não tenho outra bússola!... Já não sei pedir nada com ardor, a não ser o cumprimento perfeito da vontade de Deus sobre minha alma, sem que as criaturas possam pôr-lhe obstáculos.

MA A 83

6 Janeiro

Não desanimo nunca

...Eu não sou sempre fiel, mas não desanimo nunca, abandono-me nos braços de Jesus. A "gotinha de orvalho" abisma-se cada vez mais no cálice da Flor dos campos e ali encontra tudo o que perdeu e muito mais ainda.

C 122

• Janeiro 7

Como uma noiva que espera

Certo dia, na oração, compreendi que meu vivo desejo de fazer profissão estava mesclado de um grande amor próprio. Já que eu me dera a Jesus para o alegrar e consolar, não devia obrigá-Lo a fazer a minha vontade em lugar da sua. Compreendi ainda que uma noiva deve estar ornada para o dia de suas núpcias, e eu nada fizera nesse sentido... Então disse a Jesus: "Ó meu Deus! Não vos peço para emitir meus sagrados votos, esperarei quanto tempo quiserdes, só não quero que por minha culpa seja diferida minha união convosco. Por isso porei todo o meu empenho em preparar um belo vestido enriquecido de pedrarias; quando achardes que já está ricamente enfeitado, tenho a certeza de que todas as criaturas não vos impedirão de descer até mim, a fim de me unirdes para sempre convosco, ó meu Bem-amado..."

MA A 74

Jesus faz tudo

Sejamos sempre a "gota de orvalho" de Jesus! Aí está a felicidade, a perfeição...

Felizmente é a ti que eu falo, porque outras pessoas não poderiam entender a nossa linguagem e confesso que vale só para um número muito restrito de almas.

Na verdade, os diretores espirituais fazem avançar na perfeição levando a fazer um grande número de atos de virtude, e têm razão; mas o meu diretor, que é Jesus, não me ensina a contar os meus atos, ensina-me a fazer tudo por amor, a não lhe recusar nada e a ficar contente quando ele me dá uma ocasião de provar-lhe que o amo, mas isso se faz na paz e no abandono, é Jesus que faz tudo e eu não faço nada.

C 121

• Janeiro 9

Quando se levanta a tempestade

É a ti só, Jesus, que eu me apego, é em teus braços que acorro e me escondo...

O teu Coração, que guarda e restitui a inocência, não poderá enganar minha confiança; em ti, Senhor, repousa minha esperança e, após o exílio, irei te ver no céu. Quando se levanta a tempestade, ergo a cabeça para ti, Jesus; em teu olhar misericordioso eu leio: "Criança... para ti criei os céus!".

P 23,3-4

10 Janeiro

O abandono:
uma árvore maravilhosa

Nesta terra há uma árvore maravilhosa cuja raiz - ó mistério! - encontra-se no céu. À sua sombra, nada poderá jamais ferir e, sem medo da tempestade, pode-se repousar. Amor é o nome dessa árvore inefável e o seu fruto delicioso chama-se abandono.

Esse fruto dá-me felicidade na vida e o seu perfume divino alegra-me a alma. Se o toco, parece-me um tesouro; se o experimento, me é mais doce ainda. Dá-me um oceano de paz neste mundo; uma profunda paz na qual sempre repouso.

Só o abandono coloca-me em teus braços, Jesus; e me faz viver do pão de teus eleitos: divino Esposo, a ti eu me abandono! Não ambiciono senão o teu doce olhar.

P 32

Abandonar-se: uma audácia sedutora

Não ambiciono o primeiro lugar, mas o último. Em vez de adiantar-me como o fariseu, repito, cheia de confiança, a humilde oração do publicano. Mas, sobretudo, imito o procedimento de Madalena, sua admirável, ou melhor, sua amorosa audácia que encanta o Coração de Jesus, e seduz o meu. Sim, eu sinto que, se me pesassem na consciência todos os pecados possíveis de cometer, iria, com o coração partido de arrependimento, lançar-me nos braços de Jesus, pois sei quanto ama o filho pródigo que a ele retorna. Não é por ter Deus, em sua preveniente misericórdia, preservado minha alma do pecado mortal que me elevo até ele pela confiança e pelo amor.

MA C 36 v.

12 Janeiro

Diante do mistério da morte

Receio ter tido medo da morte! Mas não temo o após-morte!... Somente me pergunto: o que será essa separação misteriosa da alma e do corpo? Foi a primeira vez que experimentei isto, mas imediatamente abandonei-me ao Senhor misericordioso.

NV 11 s.

Janeiro 13

A minha vocação

Considerando o corpo místico da Igreja, não me reconheci em nenhum dos membros descritos por São Paulo, ou melhor, queria identificar-me em todos eles... A caridade deu-me a chave de minha vocação. Compreendi que, se a Igreja tinha corpo, composto de vários membros, não lhe faltava o mais necessário, o mais nobre de todos. Compreendi que a Igreja tinha um coração e que esse coração era *ardente de amor*.

Compreendi que só o amor fazia os membros da Igreja atuarem e que, se o amor se extinguisse, os Apóstolos já não anunciariam o Evangelho e os Mártires se recusariam a derramar seu sangue... Compreendi que o *amor encerra todas as vocações, que o amor é tudo. Abraça todos os tempos e todos os lugares... Numa palavra, é eterno*...

MA B 3 v.

14 Janeiro

A minha vocação é o amor!

No transporte de minha delirante alegria, pus-me a exclamar: Ó Jesus, meu amor, encontrei enfim a minha vocação... *Minha vocação é o amor!...*

Sim, encontrei o meu lugar na Igreja e esse lugar, ó meu Deus, fostes vós que mo destes... No coração da Igreja, minha Mãe, eu serei o *amor*... Assim serei tudo... Assim será realizado o meu sonho!!! ...

MA B 3 v

Janeiro 15

Sacrifícios de louvor

Oh! Se todas as almas fracas e imperfeitas sentissem o que sente a mais pequenina de todas, a alma de sua Teresinha, nenhuma delas se desesperaria de atingir o cume da montanha do amor, visto que Jesus não exige grandes ações, mas unicamente o abandono e a gratidão, pois declarou no Salmo 49: "Não tenho necessidade dos bodes de vosso rebanho, porque todas as feras das florestas me pertencem, os milhares de animais que vivem nos montes. Conheço todas as aves das montanhas... Se tive fome, não será a ti que o direi, porque minha é a terra e tudo o que ela contém. Serei, por acaso, obrigado a comer carne de touros e a beber sangue de cabritos?... *Imolai a Deus sacrifícios de louvor e de ações de graças*".[1]

MA B 1 v.

---

[1] Sl 49,9-14.

16 Janeiro

Não há outra palavra

Amar! Nosso coração é feito para isso!... Às vezes procuro outra palavra para exprimir o amor, mas sobre a terra do exílio as palavras são impotentes para exprimir todas as vibrações da alma, por isso devemos ater-nos a esta única palavra: Amar!...

Mas a quem o nosso pobre coração faminto dispensará o seu amor?... Quem será suficientemente grande para isso?... Poderá um ser humano compreendê-lo... e, sobretudo, retribuí-lo?... Só há um ser que pode compreender a profundeza dessa palavra: Amar! Só o nosso Jesus sabe retribuir-nos infinitamente mais do que lhe damos.

C 87

Jogar na banca do amor

Como é fácil agradar a Jesus, encantar o seu Coração! Basta amá-lo sem nos determos a olhar para nós mesmos, a examinar demasiado os nossos defeitos...

A tua Teresa não se encontra neste momento nas alturas, mas Jesus ensina-lhe *tirar proveito de tudo, do bem e do mal que encontra em si.*[1] Ensina-lhe a jogar à banca do amor, ou antes, joga ele mesmo por ela, sem lhe dizer como se faz, porque isso é negócio seu e não de Teresa; o que lhe compete é abandonar-se, entregar-se sem nada reservar para si, nem mesmo a alegria de saber quanto rende a sua banca. Mas, afinal, ela não é o filho pródigo: não vale, pois, a pena que Jesus lhe faça um festim, *visto que está sempre com ele.*[2]

C 121

---

[1] São João da Cruz, *Glosa sobre o divino*. Obras Completas.
[2] Lc 15,31.

18 Janeiro

O suave caminho do amor

Parece-me que, a cada instante, esse amor misericordioso me renova, purifica minha alma, onde não deixa nenhum resquício de pecado, e por essa razão não consigo temer o purgatório... O fogo do amor é mais santificante do que o do purgatório...

Oh! Quão suave é o caminho do amor!... Quanto desejo aplicar-me a fazer sempre com o maior abandono a vontade do Bom Deus!...

MA A 84 v.

• Janeiro 19

Para amar-vos como me amais, devo fazer meu o vosso próprio amor

Vós o sabeis, ó meu Deus, nunca desejei outra coisa senão amar-vos, não ambiciono outra glória. Vosso amor sempre me preveniu desde a infância, comigo cresceu, e agora se tornou um abismo cuja profundidade não posso sondar. Amor atrai amor. Por isso, meu Jesus, o meu amor se lança para vós, quisera cumular o abismo que o atrai, mas... seria menos do que uma gota de orvalho perdida no oceano!...

Ó meu Jesus, talvez seja ilusão, mas parece-me que não podeis encher uma alma de mais amor do que dele enchestes a minha. Por isso ouso pedir-vos *amar os que me destes como me amais a mim.*[1] Se um dia, no céu, descobrir que os amais mais do que a mim, alegrar-me-ei com isso.

MA C 35

---

[1] Jo 17,23.

20 Janeiro

Um coração a coração
que dure noite e dia

Viver de amor é viver a tua vida,
Rei de amor, delícia dos eleitos!
Tu vives por mim, oculto numa hóstia...
Eu quero por ti esconder-me, ó Jesus!
Aos amantes, é preciso a solidão,
um coração a coração que dure noite e dia;
Um único olhar teu faz minha felicidade:
eu vivo de amor!

P 9,3

Resposta de amor à inefável previdência de Deus

Eis um exemplo que traduz, em parte, meu pensamento. – Suponho que o filho de um entendido doutor depare no caminho com uma pedra, que o faça cair e fraturar um membro. Logo acorre o pai, ergue-o com amor e cura-lhe as feridas, empregando para isso todos os recursos de sua arte. Logo seu filho, completamente curado, testemunha-lhe gratidão. Sem dúvida esse filho tem razão de amar seu pai!

MA A 38 v.

22 Janeiro

Resposta de amor à inefável previdência de Deus

Vou fazer ainda outra suposição. – Sabendo o pai que no caminho do seu filho encontra-se uma pedra, apressa-se a retirá-la, tomando a dianteira, sem que ninguém o veja. O filho, por certo, objeto de seu previdente carinho, não tendo conhecimento da desgraça da qual o pai o livrou, não lhe mostrará gratidão, e lhe terá menos amor do que se tivesse sido curado por ele... No entanto, se souber do perigo, do qual acaba de escapar, não lhe terá maior amor? Pois bem, eu sou esse filho, objeto do amor previdente do Pai, que enviou seu Verbo para resgatar não os justos, mas os pecadores.[1] Ele quer que o ame porque me perdoou, não digo muito, mas TUDO.

MA A 38 v

---

[1] Mt 9,13; Lc 19,10.

• Janeiro 23

Resposta de amor à inefável previdência de Deus

Ouvi dizer que não se encontra uma alma pura que ame mais do que uma alma arrependida. Oh! Como eu quisera desmentir essa afirmação!...

MA A 38 v.

24 Janeiro

Lançar os pecados no braseiro do amor

Ah! Meu querido Irmãozinho, desde que me foi dado compreender, também, o amor do Coração de Jesus, confesso que o amor expulsou de meu coração todo temor! A lembrança das minhas faltas humilha-me, incita-me a nunca me apoiar sobre a minha força, que é apenas fraqueza, mas essa lembrança fala-me ainda mais de misericórdia e de amor. Se lançarmos as nossas faltas com uma confiança toda filial no braseiro devorador do Amor, como é que não seriam elas consumidas definitivamente?

C 220

Janeiro 25

O amor de Deus não faz distinções

Entendi ainda que o amor de Nosso Senhor se revela tanto na alma mais simples que em nada resiste à sua graça, quanto na alma mais sublime. Com efeito, sendo o abaixar-se coisa própria do amor, se todas as almas se assemelhassem aos Santos Doutores que iluminaram a Igreja com o fulgor de sua doutrina, parece-me que o Bom Deus não desceria tanto ao vir ao seu coração. Ele, porém, criou a criancinha que nada sabe e só faz ouvir fracos vagidos; criou o pobre selvagem que não dispõe para sua orientação senão da lei natural; e é até seu coração que ele se digna descer. São estas as flores campestres que o extasiam com sua simplicidade...

MA A 3

26 Janeiro

Uma alma inflamada de amor não fica inativa

Se o fogo e o ferro tivessem inteligência e este último dissesse ao outro: "Atrai-me!", não provaria que se quer identificar com o fogo, de modo a ser penetrado e entranhado por sua ardente substância, e parecer constituir uma só coisa com ele? Madre muito amada, eis a minha oração: Peço a Jesus que me atraia às chamas do seu amor, me una tão estreitamente a Ele que seja Ele quem vive e atua em mim. Sinto que, quanto mais o fogo do amor me abrasar o coração, quanto mais eu disser: "Atrai-me!", tanto mais, também, as almas que se achegarem a mim (pobre e minúsculo pedacinho de ferro inútil, se me afastar do braseiro divino) correrão céleres ao odor dos perfumes de seu Bem-amado, pois a alma abrasada de amor não pode permanecer inativa.

MA C 36

Janeiro 27

Sede de amor!

No teu amor, exilando-te sobre a terra, divino Jesus, tu te imolaste por mim.

Meu Bem-amado, recebe minha vida inteira, quero sofrer e morrer por ti.

Senhor, tu no-lo disseste: "Não se pode fazer mais do que morrer por quem se ama". E meu amor supremo és tu, Jesus!

Já se faz tarde, já o dia declina: fica comigo, celeste Peregrino. Com tua cruz eu subo a colina: Vem guiar-me, Senhor, no caminho!

Tua voz encontra eco na minha alma: eu quero assemelhar-me a ti, Senhor. O sofrimento, eu o reclamo... Tua palavra de fogo queima meu coração!

Antes de entrar na eterna glória, "era preciso que o Homem-Deus sofresse", foi por sua cruz que ele ganhou a vitória: doce Salvador, não no-lo disseste?

P 18

28 Janeiro

Sede de amor!

Quantos ultrajes por mim sofreste em terra estrangeira!

Quero também me esconder sobre a terra, ser a última em tudo, por ti, Jesus!

Meu Bem-amado, teu exemplo me convida a humilhar-me, a desprezar a honra. Para seduzir-te, me farei pequena; esquecerei de mim mesma para extasiar teu Coração.

Agradar-te é minha única meta, e minha felicidade és tu, Jesus!

Também eu sou tua prisioneira, e quero repetir, por minha vez, tua eterna e divina prece, meu Bem-amado, meu irmão: "Eu tenho sede de amor!".

Tenho sede de amor! Cumula minha esperança: aumenta em mim, Senhor, teu fogo divino!

Tenho sede de amor! Bem grande é meu sofrer, ah! Desejaria voar para ti, meu Deus!

P 18

Para a morte

"Rompe a tela desse doce encontro".[1] Apliquei sempre esta palavra à morte que desejo ter. O amor consumirá a tela de minha vida, rompê-la-á num átimo.

NV 27,1

---

[1] São João da Cruz, *Viva Chama*, estr. 1 e estr. 1,28 (A).

30 Janeiro

No dia da morte

Não me arrependo de me ter oferecido ao Amor. Oh! Não, não me arrependo de me ter oferecido ao Amor...

NV 30 s.

31 Janeiro

O sofrimento

O bom Deus prova com mais força as almas cuja fidelidade inquebrantável ele conhece.

IE 51

Fevereiro

AMOR AO PRÓXIMO
entendi o que quer dizer amar

• Fevereiro 1

O mandamento novo

Este ano, minha querida Madre, o Bom Deus deu-me a graça de compreender em que consiste a caridade. Antes, eu a compreendia, é verdade, mas de uma maneira imperfeita, não tinha aprofundado a palavra de Jesus: "O segundo mandamento é *semelhante* ao primeiro: 'Amarás teu próximo como a ti mesmo'".[1] Aplicava-me, antes de tudo, a amar a Deus, e, pelo fato de amá-lo, cheguei a compreender que meu amor não devia manifestar-se apenas por palavras, pois, "não são os que dizem: 'Senhor! Senhor!' que entrarão no Reino dos Céus, mas os que fazem a vontade de Deus".[2]

MA C 11 v.

[1] Mt 22,39.
[2] Mt 7,21.

2 Fevereiro

Dar a própria vida

"Não há maior amor do que dar a vida pelos que se ama."[1]

Meditando estas palavras de Jesus, compreendi quão imperfeito era meu amor por minhas irmãs. Reconheço que não as amava como o Bom Deus as ama. Ah! Compreendo, agora, que a caridade perfeita consiste em suportar os defeitos dos outros, em não se admirar de suas fraquezas, em edificar-se com os mínimos atos de virtude que se lhes veja praticar. Mas, sobretudo, compreendi que a caridade não deve ficar encerrada no fundo do coração: "Não se acende, disse Jesus, uma lâmpada e se coloca debaixo do alqueire, mas no candelabro, e assim ela brilha para *todos* os que estão na casa.[2]"

MA C 12

[1] Jo 15,13.
[2] Mt 5,15.

Fevereiro 3

O amor que Jesus mendiga

Vemos no Evangelho que "*o povo ficava suspenso quando ele falava*"...[1] Mas como foi pequeno o número dos amigos de Nosso Senhor quando se *calava*[2] diante dos seus juízes... Oh! Que melodia é este silêncio de Jesus para o meu coração... Faz-se pobre para que possamos praticar a caridade para com ele. Estende-nos a mão como um *mendigo*, para que no dia radioso do juízo, quando aparecer na sua glória, possa fazer-nos ouvir estas doces palavras: "Vinde benditos de meu Pai, porque eu tive fome e destes-me de comer, tive sede e destes-me de beber, não tinha onde dormir e destes-me asilo, estive preso e doente e me socorrestes.[3]"

Foi o próprio Jesus que pronunciou essas palavras, é ele que quer o nosso amor, que o *mendiga*...

C 124

---

[1] Lc 19,48.
[2] Mt 26,60; Mc 14,61.
[3] Mt 25,34-36.

4 Fevereiro

Quando quero bem, quero para sempre

Quando tornei a ver minha companheira, grande foi minha alegria, mas não obtive senão um olhar indiferente... Meu amor não era compreendido. Eu o percebi e não mendiguei uma afeição que me era negada. O Bom Deus, porém, deu-me um coração tão leal que, amando com pureza, ama para sempre. Por isso continuei a rezar pela minha companheira e ainda lhe quero bem...

MA A 38

• Fevereiro 5

Não esperemos que digam "muito obrigado"!

Se o Céu me cumulava de graças, não era porque as merecesse, sendo ainda muito imperfeita! Tinha grande desejo de praticar a virtude, mas procedia desajeitadamente. Eis um exemplo: Como era a caçula, não estava habituada a servir-me sozinha. Celina arrumava nosso quarto de dormir, e eu não fazia nenhum trabalho doméstico. Depois da entrada de Maria para o Carmelo, acontecia-me algumas vezes que, para agradar ao Bom Deus, tentava arrumar a cama, ou então, na ausência de Celina, ia de tarde recolher seus vasos de flores. Como disse, fazia tais coisas *unicamente por amor do Bom Deus* e por isso não deveria contar com o *agradecimento* das criaturas.

MA A 44 v.

Há um modo de recusar...

No Carmelo, nem sempre é possível praticar, ao pé da letra, as palavras do Evangelho. É-se obrigada, por vezes, a recusar um favor, por causa dos ofícios, mas quando a caridade lançou profundas raízes na alma, manifesta-se no exterior. Há um modo tão gracioso de recusar o que não se pode conceder, que a recusa agrada tanto quanto o dom.

MA C 18

Basta uma palavra, um sorriso

As almas imperfeitas não são procuradas; a gente se restringe, para com elas, nos limites da polidez religiosa; contudo, por receio talvez de lhes dizer palavras menos amáveis, evitamos sua companhia. Dizendo almas imperfeitas, não me refiro apenas às imperfeições espirituais, já que as mais santas só serão perfeitas no Céu. Refiro-me à falta de bom senso e educação, à susceptibilidade de certos temperamentos. Coisas todas que não tornam a vida muito agradável... Esta é a conclusão que tiro. Nos recreios, nas licenças, devo procurar a companhia das irmãs que me são menos agradáveis, exercer o ofício do bom Samaritano junto dessas almas feridas. Uma palavra, um sorriso amável é quanto basta para desanuviar uma alma triste.

MA C 28

8 Fevereiro

Não ter medo da ternura

Quando chegou a hora combinada para estarmos juntas, a pobre irmãzinha, olhando para mim, logo percebeu que já não era mais a mesma. Ruborizada, sentou-se ao meu lado, enquanto eu, apoiando sua cabeça contra meu coração, com lágrimas na voz, disse-lhe tudo o que pensava dela, mas em termos tão delicados e testemunhando-lhe tanta afeição, que suas lágrimas logo se misturaram com as minhas. Reconheceu com muita humildade que tudo quanto eu dizia era verdade, prometeu-me começar uma vida nova, pedindo-me, como uma graça, que sempre a advertisse de suas faltas. Afinal, no momento de separar-nos, nossa afeição se tornara toda espiritual, sem nada mais de humano. Realizava-se em nós a passagem da Escritura: "O irmão que é ajudado pelo irmão é como uma cidade fortificada.[1]"

MA C 21 v.

---

[1] Pr 18,19.

• Fevereiro 9

As grades do carmelo

As grades do Carmelo não são feitas para separar corações que se amam em Jesus; servem, antes, para tornar mais fortes os laços que os unem.

C 138

10 Fevereiro

O que me atraía era Jesus na sua alma...

Há na comunidade uma irmã que tem o dom de me desagradar em todas as coisas. Suas maneiras, suas palavras, seu gênio, pareciam-me muito desagradáveis. Trata-se, todavia, de uma santa religiosa, que deve ser muito agradável ao Bom Deus. Por essa razão, não querendo ceder à antipatia natural, que experimentava, pensei comigo que a caridade não devia consistir nos sentimentos, mas nas obras. Dediquei-me então a fazer pela irmã o que faria pela pessoa a quem mais amasse. Todas as vezes que me encontrava com ela, rezava por ela ao Bom Deus, oferecendo todas as suas virtudes e seus méritos. Bem senti que isso agradava a Jesus, pois não há artista que não goste de receber elogios por suas obras.

MA C 14

• Fevereiro 11

O que me atraía era Jesus na sua alma

Como a irmã ignorasse, absolutamente, o que eu sentia por ela, nunca suspeitou os motivos de meu proceder, e continuou na convicção de que seu temperamento me era agradável. Um dia, no recreio, com um ar de muita satisfação, disse-me mais ou menos estas palavras: "Diga-me, minha Ir. Teresa do Menino Jesus, o que há em mim que tanto a atrai? Vejo-a sorrir cada vez que me olha". Ah! O que me atraía era Jesus escondido no fundo de sua alma... Jesus que adoça o que há de mais amargo.[1] Respondi-lhe que sorria por ficar contente de vê-la (bem entendido, não acrescentei que era sob o ponto de vista espiritual).

MA C 14

---

[1] *Imitação de Cristo*, III.5.3.

12 Fevereiro

Não mil, mas dois mil passos

Não, não há alegria comparável à que goza o verdadeiro pobre. Ele segue o conselho de Jesus: "A quem quiser citar-vos em juízo para vos tirar a túnica, largai-lhe também o manto..."[1]

Abandonar a túnica é, ao que me parece, renunciar a seus últimos direitos. É considerar-se como serva, como escrava das outras. Quando nos desfazemos de nosso manto, torna-se-nos mais fácil andar, correr. Por isso Jesus acrescenta: "E se alguém vos obrigar a dar mil passos, andai com ele outros dois mil".[2] Assim não basta "dar a quem quer que me pede".[3] Preciso ir ao encontro dos seus desejos, demonstrando que me sinto honrada e satisfeita de prestar serviço.

MA C 16 v. e 17

[1] Mt 5,40.
[2] Mt 5,41.
[3] Lc 6,30.

Posso ao menos sorrir

Santa Teresa diz que é preciso alimentar o amor.[1] A *lenha* não se encontra ao nosso alcance quando estamos nas trevas, na aridez, mas não estaremos obrigadas a lançar ao menos umas *palhinhas*? Jesus é suficientemente poderoso para conservar sozinho o fogo, todavia fica contente por nos ver alimentá-lo, é uma *delicadeza* que lhe agrada e então lança ele no fogo muita lenha. Nós não o vemos, mas sentimos a *força* e o calor do amor. Tenho feito a experiência. Quando *não sinto nada*, quando não sou capaz de rezar, de praticar a virtude, é esse o momento de procurar pequenas ocasiões, pequenos *nada* que dão mais prazer a Jesus que o império do mundo, mais do que o martírio sofrido heroicamente. Por exemplo, um sorriso, uma palavra amável quando teria vontade de não dizer nada ou de mostrar um ar aborrecido...

C 122

---

[1] Sta. Teresa, *Vida*, cap. 30,20.

14 Fevereiro

Quando ele se esconde!...

Minha querida Madrinha,

Se soubesse como o seu canto do céu transportou a alma da sua filhinha!...[1] Asseguro-lhe que ela está muito longe de ouvir as harmonias celestes.[2] A sua viagem de núpcias não poderia ser mais árida! É verdade que seu Noivo a faz percorrer países férteis e magníficos, mas a *noite* impede-a de admirar qualquer coisa e sobretudo de gozar de todas essas maravilhas.

Pensa talvez que ela se aflige? Pelo contrário, sente-se feliz por seguir seu Noivo por amor *dele* só e não por causa de seus dons... Ele só. É tão belo! Tão atraente! Mesmo quando *se cala*... Mesmo quando *se esconde!*...

C 91

---

[1] Trata-se de um bilhete inédito de Ir. Maria do Sagrado Coração, datado de 2 de setembro.
[2] Irmã Maria do Sagrado Coração escrevera-lhe, colocando na boca de Jesus o seguinte: "Noivazinha... ouves tu as harmonias celestes que celebram já a nossa divina união?..."

• Fevereiro 15

No deserto, uma tenda para Jesus

Não posso dizer que recebi muitas vezes consolações em minhas ações de graças. Talvez seja o momento em que menos as tenho... Acho isso muito natural, pois me ofereci a Jesus não como quem deseja receber sua visita para consolo próprio, mas antes para alegria daquele que se dá a mim.

Imagino minha alma como um terreno *livre* e peço à Santíssima Virgem tirar os *entulhos* que o impediriam de ser *livre*. Em seguida suplico-lhe que ela mesma levante ali uma ampla tenda digna do céu e a orne com seus próprios adornos. Depois convido todos os Santos e Anjos a virem executar um grandioso concerto. Ao que me parece, quando Jesus desce ao meu coração, fica contente por se ver tão bem recebido, de minha parte eu fico também contente...

MA A 79 v.

16 Fevereiro

Noite profunda, pão de cada dia

Jesus estava dormindo em minha barquinha, mas a noite era tão escura que me era impossível vê-lo; nada me iluminava, nem um relâmpago sequer vinha rasgar as nuvens tenebrosas. Não resta dúvida, é bem triste o clarão dos relâmpagos, mas se a tempestade tivesse, ao menos, se desencadeado abertamente, eu teria podido enxergar Jesus, por um instante... Mas era a noite, a noite profunda da alma... Como Jesus no jardim da agonia, sentia-me só, não encontrando consolo nem na terra nem nos céus. O Bom Deus parecia ter-me abandonado! A natureza dava a impressão de acompanhar minha amarga tristeza...

MA A 51

O meu desejo de sofrimento estava saciado. A aridez era meu pão cotidiano. Mas apesar de privada de toda consolação, era a mais feliz das criaturas, uma vez que todos os meus desejos estavam satisfeitos...

MA A 73 v.

• Fevereiro 17

Embalando Jesus que dorme

O retiro que precedeu minha profissão esteve longe de trazer-me consolações; a mais absoluta aridez e um quase abandono foi a minha partilha. Jesus dormia como sempre na minha barquinha. Oh! Vejo bem que raramente as almas deixam-no dormir nelas tranquilamente. Tão cansado está Jesus de sempre se oferecer e sacrificar, que se apressa em aproveitar o repouso que eu lhe ofereço. Certamente não despertará antes do meu grande retiro da eternidade. Mas em vez de me entristecer, isso me dá uma alegria imensa...

MA A 75 v.

18 Fevereiro

Medo de blasfemar

Desde a infância me fora dada a certeza de que um dia abandonaria este país triste e tenebroso. Não somente eu acreditava no que ouvia dizerem as pessoas mais sábias do que eu, mas também sentia, no fundo do coração, aspirações por uma região mais bela. Como o gênio de Cristóvão Colombo lhe fez pressentir a existência de um mundo novo, quando ninguém pensava nisso, assim também eu sentia que outra terra me serviria um dia como morada definitiva.

De repente, porém, os nevoeiros que me cercam tornam-se mais espessos, penetram-me a alma, envolvem-na de tal sorte que não me é mais possível nela reconhecer a imagem tão doce de minha Pátria. Tudo desapareceu!

MA C 6 v.

• Fevereiro 19

Medo de blasfemar

Quando quero repousar meu coração, fatigado das trevas que o rodeiam, com a lembrança do país luminoso, pelo qual aspiro, meu tormento redobra. Parece-me que as trevas, emprestando a voz dos pecadores, me dizem, escarnecendo de mim: "Sonhas com a luz, uma pátria embalsamada dos mais suaves perfumes. Sonhas com a posse *eterna* do Criador de todas essas maravilhas. Acreditas que um dia sairás dos nevoeiros que te cercam. Avante! Avante! Alegra-te com a morte. Dar-te-á não o que esperas, mas uma noite mais fechada ainda, a noite do nada".

A imagem que vos quis apresentar, das trevas que obscurecem minha alma, é tão imperfeita quanto o é o esboço em comparação com o modelo. Não quero, todavia, estender-me mais sobre o assunto. Recearia blasfemar... Sinto até medo de ter falado demais...

MA C 6 v.

"Mesmo que vá pelo vale tenebroso..."

Jesus tomou-me pela mão e fez-me entrar num subterrâneo onde não faz frio nem calor, onde o sol não brilha, nem o vento nem a chuva penetram. Um subterrâneo no qual nada vejo a não ser uma claridade semivelada, a claridade que difundem ao seu redor os olhos da Face de meu Noivo.

O meu Noivo nada me diz, e eu também nada lhe digo, senão que o *amo* mais que a *mim*, e sinto no fundo do meu coração que é verdade, porque eu sou mais dele do que de mim!

Não vejo que avancemos para o termo da montanha, visto que a nossa viagem se faz debaixo da terra; parece-me, contudo, que nos aproximamos desse termo sem saber como. A senda que sigo não é de consolação alguma para mim e, todavia, traz-me todas as consolações, visto que foi Jesus que a escolheu!...

C 91

• Fevereiro 21

Um "Pai-nosso" muito lentamente

Alguma vez, encontrando-se meu espírito em tão grande aridez que não lhe posso arrancar um pensamento que me una ao Bom Deus, recito *muito pausadamente* um "Pai-nosso", e a seguir a saudação angélica. Essas orações, então, empolgam-me e nutrem muito mais minha alma do que se as recitasse, precipitadamente, uma centena de vezes...

MA C 25 v.

22 Fevereiro

"A minha alma está triste até a morte..."

Quanto é preciso rezar pelos agonizantes! Se se soubesse!

Creio que o demônio pediu a Nosso Senhor a permissão de tentar-me por meio de um sofrimento extremo, para chegar a faltar à paciência e à fé...

Oh! como me compadeço!

NV 25 a.

Fevereiro 23

Caminhar na paz

Dissestes a verdade, Celina, as *frescas manhãs*[1] passaram por nós, já não há flores para colher, Jesus apanhou-as para ele, talvez que um dia as faça desabrochar de novo, entretanto que devemos fazer? Deus já não me pede nada... No princípio pedia-me uma infinidade de coisas. Pensei durante algum tempo, visto que Jesus não me pedia nada, que agora era preciso caminhar suavemente na paz e no amor, fazendo só o que ele me pedia outrora.

C 122

---

[1] S. João da Cruz, *Explicação do Cântico Espiritual*, estrofe 30

24 Fevereiro

O Evangelho é o meu livro

Se abro um livro escrito por algum autor espiritual (ainda que seja o mais lindo, o mais edificante), sinto logo o coração fechar-se, e leio, por assim dizer, sem compreender; ou, quando compreendo, meu espírito para sem poder meditar... Nessa impotência, a Sagrada Escritura e a *Imitação de Cristo* acodem em meu socorro. Nelas encontro alimento sólido e todo puro. Mas, acima de tudo, é o *Evangelho* que me entretém em minhas orações. Nele encontro tudo quanto minha pobre almazinha necessita. Nele encontro sempre novas luzes, sentidos ocultos e misteriosos...

MA A 83, 83 v

• Fevereiro 25

Sem ruído de palavras

Compreendo e sei por experiência que o "Reino de Deus está dentro de nós".[1] Jesus não precisa de livros nem de doutores para instruir as almas. Ele, o Doutor dos doutores, ensina sem ruído de palavras...[2] Nunca o ouvi falar, mas sinto que está dentro de mim a cada instante. É quem me orienta, inspirando-me o que devo dizer ou fazer. Descubro, exatamente no momento em que tenho necessidade, luzes até então nunca vistas; não é muitas vezes durante a oração que são mais abundantes, mas no meio das ocupações do dia.

MA A 83 v.

---

[1] Lc 17,21.
[2] *Imitação de Cristo*, III, 43,3.

26 Fevereiro

Quero crer

Quando canto a felicidade do Céu, a posse eterna de Deus, não sinto nenhuma alegria, pois canto simplesmente o que *quero crer*. É verdade que, de vez em quando, um minúsculo raio de sol vem iluminar minhas trevas. Então, cessa a provação *por um instante*. Mas, depois, em vez de me causar alegria, a lembrança dessa réstia de luz torna minhas trevas mais densas ainda.

Oh! Minha Madre, nunca senti tanto, como agora, quanto o Senhor é manso e misericordioso! Não me enviou a provação senão no momento que dispusesse de força para a suportar; creio que antes me teria lançado no desalento... Agora, tira-me toda a satisfação natural que eu poderia encontrar no desejo do Céu... Madre muito amada, agora me parece que nada me impede de voar deste mundo. Pois não tenho mais grandes desejos a não ser o de amar até morrer de amor...

MA C 7 v.

• Fevereiro 27

Sem piloto

Oh! Jamais compreendi tão bem, como nesta provação, a dor da Santíssima Virgem e de São José, quando procuravam o Menino Jesus... Achava-me num triste deserto, ou antes, minha alma assemelhava-se a uma frágil embarcação entregue, sem piloto, ao capricho das ondas encapeladas... Jesus, eu o sei, estava dormindo em minha barquinha, mas a noite era tão escura que me era impossível vê-lo. Nada me iluminava, nem um relâmpago sequer vinha sulcar as nuvens tenebrosas... Mas se a tempestade tivesse, ao menos, se desencadeado abertamente, eu teria podido enxergar Jesus, um instante... Era a *noite*, a noite profunda da alma... Como Jesus no Jardim da agonia, sentia-me só, não encontrando consolo nem na terra, nem nos Céus. O Bom Deus parecia ter-me abandonado!!!...

MA A 51

28 Fevereiro

Esposo de sangue

Ah! Que mistério o amor de Jesus pela nossa família! Que mistério as lágrimas e o amor deste *"Esposo de Sangue"*.[1] Amanhã, vou encontrar-me com o Padre Youf,[2] ele me disse para fazer uma pequena revisão, só desde que estou no Carmelo; rezo muito para que Jesus me deixe a *paz* que ele me *deu*. Fiquei muito contente por receber a absolvição no sábado. Mas não compreendo o retiro que faço, não penso em nada, numa palavra, estou num subterrâneo muito escuro...

C 90

---

[1] Ex 4,25.
[2] Capelão do Carmelo de Lisieux desde 1870, depois de ter sido durante três anos vigário da paróquia de São Tiago. Este piedoso e zeloso sacerdote dedicou-se muito à Comunidade. Tinha em alta estima Santa Teresa do Menino Jesus. Morreu alguns dias depois dela, em 8 de outubro de 1897.

• Fevereiro 29

Pela via escura

Oh! Peça a Jesus, Mãezinha, que é minha luz, para que ele não permita que por minha causa as almas sejam privadas das luzes que lhes são necessárias, mas que minhas trevas sirvam para iluminá-las... Peça também para que eu faça um bom retiro e que ele esteja contente comigo a mais não poder, e então eu também ficarei feliz e concordarei, se essa for sua vontade, em caminhar toda minha vida pela via escura em que ando, contanto que chegue um dia ao cume da montanha do amor, mas creio que não será neste mundo.

C 90

Março
A IGREJA
o mundo das almas

• Março 1

Uma surpresa

Ah! Que surpresa teremos, no fim do mundo, lendo a história das almas!... Quantas pessoas ficarão admiradas vendo a via pela qual a minha foi levada!...

MA A 70

2 Março

"Os membros do corpo que parecem mais fracos são os mais necessários"
(1Cor 12,22)

Durante muito tempo perguntava a mim mesma por que Deus tinha preferências, por que todas as almas não recebiam igual medida de graças...

Mas Jesus esclareceu-me a respeito deste mistério. Pôs-me diante dos olhos o livro da natureza, e compreendi que todas as flores criadas por ele são formosas, que o esplendor da rosa e a brancura do lírio não tiram o perfume da violetinha, nem a encantadora simplicidade da bonina... Compreendi que se todas as flores pequenas quisessem ser rosas, a natureza perderia seu ornato primaveril e já não ficariam os campos esmaltados de florinhas.

MA A 2 v.

• Março 3

"Os membros do corpo que parecem mais fracos são os mais necessários"
(1Cor 12,22)

O mundo das almas é o jardim de Jesus. Deus quis criar os grandes santos, que podem ser comparados aos lírios e às rosas, mas criou-os também menores, e estes devem contentar-se em ser boninas ou violetas, cujo destino é deleitar os olhos do Bom Deus, quando ele os abaixa a seus pés. A perfeição consiste em fazer a sua vontade, em ser o que ele quer que sejamos...

MA A 2 v.

4 Março

Comunhão dos santos: uma chamazinha pode incendiar o mundo inteiro

Irmã Maria da Eucaristia queria acender as velas para a procissão, mas não tinha fósforos; vendo uma chamazinha que ardia diante das relíquias, aproximou-se dela. Ah! Achou-a quase apagada, havia apenas uma fraca claridade sob o pavio carbonizado. Entretanto, conseguiu acender a sua vela e com ela foram acesas todas as da comunidade.

Foi, portanto, a chamazinha quase extinta que produziu as belas chamas, e estas puderam, por sua vez, produzir uma infinidade de outras, incendiar o mundo inteiro.

Dá-se o mesmo na Comunidade dos Santos. Muitas vezes, sem que saibamos, as graças e as luzes que recebemos são devidas a uma alma escondida, porque o Senhor, na sua bondade, quer que os santos comuniquem mutuamente a graça entre si, por meio da oração...

NV 151

Somos devedores

Quantas vezes pensei que eu poderei ser devedora de todas as graças recebidas à oração de uma alma que conhecerei somente no Céu.

Sim, a menor centelha poderá fazer nascer grandes luzeiros na Igreja, como Doutores e Mártires, que estarão, sem dúvida, muito acima daquela almazinha no Céu. Mas como pensar que a glória deles não será também a sua?

NV 151

Deus ama a cada um pessoalmente e totalmente

Assim como o sol ilumina ao mesmo tempo os grandes cedros e cada pequena florinha como se só ela existisse sobre a terra, assim também Nosso Senhor se ocupa em particular de cada alma, como se não houvesse outra semelhante; e como na natureza todas as estações se dispõem de modo a fazer desabrochar, no momento oportuno, a mais humilde margarida, assim também tudo contribui para o bem de cada alma.

MA A 3

• Março 7

A experiência pastoral não é privilégio dos anciãos

Vosso desejo, bem o sei, é que cumpra junto a vós missão muito grata, muito fácil.[1] Essa missão não poderei terminá-la do alto dos Céus?... Como Jesus disse, certo dia, a São Pedro, dissestes à vossa filha: "*Apascenta meus cordeiros*",[2] e, tomada de surpresa, vos declarei que "*era muito pequenina*"... Supliquei-vos que vós *mesma apascentásseis vossos cordeirinhos*, e que por favor me deixásseis a mim pastar junto deles... Não tivestes receio, minha querida Madre, que eu tresmalhasse vossos cordeirinhos; não vos atemorizaram minha inexperiência e minha pouca idade.

MA C 4

---

[1] Teresa ajuda, em caráter oficial, Madre Maria de Gonzaga junto às noviças, depois da eleição de 21 de março de 1896.
[2] Jo 21,15.

8 Março

Filha da Igreja, quero abraçar o universo

Já que "*o zelo de uma carmelita deve abranger o mundo*",[1] espero, com a graça de Deus, ser útil a mais de *dois* missionários, e não poderia esquecer de rezar por todos eles, sem deixar de lado os simples sacerdotes, cuja missão é às vezes tão árdua de cumprir como a dos apóstolos, que pregam aos infiéis. Afinal, quero ser filha da Igreja,[2] como o era nossa Santa Madre Teresa, e rezar pelas intenções de nosso Santo Padre o Papa, por saber que suas intenções abrangem o mundo. É esse o objetivo geral de minha vida...

Eis como estou unida espiritualmente aos apóstolos que Jesus me deu como irmãos.

MA C 33 v.

---

[1] Citação do livro *Le Banquet sacré ou l'Idée d'une parfaite carmélite*, elaborado pela Madre Joana Margarida da Misericórdia, OCD.
[2] "Sou filha da Igreja", repetia Teresa de Ávila no leito da morte.

• Março 9

Mesmo no céu, como os anjos, trabalharei pela Igreja

Ah! meu Irmão, sinto-o bem, ser-lhe-ei mais útil no Céu do que na terra e é com contentamento que lhe venho anunciar a minha próxima entrada nessa cidade bem-aventurada, certa de que há de compartilhar da minha alegria e agradecerá ao Senhor por ele ter-me dado o meio de o ajudar mais eficazmente nas suas obras apostólicas.

Conto bem com não ficar inativa no Céu: o meu desejo é trabalhar ainda pela Igreja e pelas almas; peço isso ao Bom Deus e estou certa de que ele mo concederá. Não estão os anjos continuamente ocupados de nós sem nunca cessarem de ver a Face divina, de se perderem no oceano sem margens do Amor? Por que é que Jesus não me permitiria imitá-los?

C 225

Mãos vazias

Protege a tua Igreja imortal, peço-te, Senhor... Eu, tua filha, imolo-me por ela, e vivo de amor.

P 9,10

Tenho as mãos vazias. Tudo o que tenho e todo o meu ganho é pela Igreja e pelas almas.

NV 121

• Março 11

Também Jesus bebeu o cálice amargo

Nosso Senhor não nos pede nunca sacrifícios acima das nossas forças. É verdade que às vezes este divino Salvador faz-nos sentir toda a amargura do cálice que apresenta à nossa alma. Quando ele nos pede o sacrifício do que nos é mais caro neste mundo, é impossível, a não ser por uma graça singularíssima, que não exclamemos como ele, no jardim da agonia: *"Meu Pai, afastai de mim este cálice... Faça-se, contudo, a vossa vontade e não a minha"*.

É extremamente consolador pensar que Jesus, o Deus Forte, conheceu as nossas *fraquezas*, tremeu à vista do cálice amargo, este cálice que antes tão ardentemente desejara beber...

Um Santo disse: "A maior honra que Deus pode fazer a uma alma, não é dar-lhe muito, mas *pedir-lhe muito!*".

C 184

12 Março

Quer que nos assemelhemos a Ele

Querida irmã,
Sim, *querida* de meu coração, Jesus está com a sua Cruz junto de nós![1]

Privilegiada do seu amor, ele quer tornar-te semelhante a ele: por que te espantas de não poderes levar esta cruz sem *fraquejar*? Jesus, no caminho do Calvário, caiu bem três vezes, e tu, pobre criancinha, não havias de ser semelhante ao teu Esposo, não quererias cair cem vezes, se necessário for, para lhe provares o teu amor, tornando a levantar-te com mais força do que antes da tua queda?!...

C 57

---

[1] Alusão à doença de seu pai que se agravava dia a dia e da qual Celina, muito particularmente, devia sentir o peso.

Março 13

A cruz, sinal de predileção

Esta manhã na minha comunhão pedi muito a Jesus que a cumulasse com suas alegrias... Ai! Não é o que ele nos envia há algum tempo, a cruz,[1] só a cruz que nos dá para repousar... Oh! Minha querida tia, se fosse só eu a sofrer, não seria nada, mas sei a grande parte que toma na nossa prova, quereria para a sua festa tirar-lhe todo o desgosto, tomar sobre mim todas as suas penas. Era justamente o que eu pedia ainda há pouco Àquele cujo Coração batia em uníssono com o meu. Senti então que tudo o que podia dar-nos de melhor era o sofrimento, que ele só dava aos seus amigos prediletos. Bem compreendi que, se ele não me atendia, era porque ama muito, minha boa tia, para tirar-lhe a cruz!...

C 42

---

[1] Alusão à doença do Sr. Martin.

14 Março

A sede que não atormenta

Por que procurar a felicidade sobre a terra? Confesso-lhe que meu coração tem dela uma sede ardente, mas ele bem vê, esse pobre coração, que nenhuma criatura é capaz de estancar a sua sede. Pelo contrário, quanto mais bebe nessa fonte encantada, mais ardente se torna a sua sede.[1]

Conheço uma outra fonte, é aquela "na qual após se ter bebido, se tem ainda sede",[2] mas com uma sede que não é ofegante, que é, pelo contrário, muito suave, porque ela tem com que satisfazê-la; esta nascente é o sofrimento conhecido só de Jesus!...

C 52

---

[1] Alusão à sua afeição filial pela Madre Maria de Gonzaga.
[2] Ecl 24,29.

Sofrer na alegria e na paz

Madre querida, sabeis que Nosso Senhor dignou-se fazer minha alma passar por muitos gêneros de provações. Sofri muito desde que estou nesta terra, mas, se em minha infância sofri com tristeza, não é mais assim que sofro agora; é na alegria e na paz; sou verdadeiramente feliz por sofrer.

MA C 274

16 Março

O que me faz feliz

O que me deixa contente é unicamente a vontade do meu Deus. Estou contente de sofrer porque o Bom Deus o quer.

NV 29-30 a

Março 17

Sofrer amando

Senti nascer em meu coração um *grande desejo de sofrer*, e, ao mesmo tempo, a certeza íntima de que Jesus me reservava grande número de cruzes. Senti-me inundada de tão *grandes* consolações que as considero como uma das *maiores* graças de minha vida. Sofrer tornou-se o meu atrativo. Tinha encantos que me arrebatavam, sem conhecê-los bem. Até então sofria sem amar o sofrimento, desde aquele dia senti por ele verdadeiro amor.

MA A 36 v.

18 Março

Cada pequena alegria torna-se uma surpresa inesperada

Sinto que não teria nenhuma decepção. Pois, quando a gente espera o sofrimento puro e sem nenhum lenitivo, a mínima alegria torna-se uma surpresa inesperada. E então, como o sabeis, minha Madre, o próprio sofrimento se torna a maior das alegrias, quando o buscamos como o mais precioso dos tesouros.

Oh! Não, não é com a intenção de comprazer-me com o fruto dos meus trabalhos que quisera partir. Se tal fosse meu fito, não sentiria a doce paz que me invade, e até sofreria por não poder concretizar minha vocação para as missões longínquas. Desde muito já não me pertenço, entreguei-me inteiramente a Jesus. Cabe-lhe, pois, a liberdade de fazer de mim o que lhe aprouver.

MA C 10 v.

• Março 19

Cada pequena alegria torna-se uma surpresa inesperada

Jesus deu-me o atrativo por um exílio completo, fez-me *compreender todos os sofrimentos* que encontraria quando me perguntou se queria beber este cálice até o fim. Logo quis tomar a taça que Jesus me apresentava, mas ele retraiu a mão, dando-me a entender que se dava por satisfeito com a aceitação.

MA C 10 v.

Um dia perdido

Um dia de carmelita passado sem sofrimento é um dia perdido; para ti é a mesma coisa, porque és carmelita de coração.

C 26

· Março 21

A pedagogia
das pequenas mortificações

Resolvi entregar-me, mais do que nunca, a uma vida *séria e mortificada*. Quando digo "mortificada", não é para levar a crer que fizesse penitências. Ai de mim! *Nunca fiz nenhuma*. Longe de assemelhar-me às belas almas que, desde a infância, praticavam toda sorte de mortificações, não sentia nenhum atrativo por elas. Isso provinha, sem dúvida, de minha covardia, porque poderia, como Celina, encontrar mil pequenas indústrias para me levar a sofrer. Mas, em lugar disso, deixava-me regalar e cevar, qual filhote de passarinho, que não carece de penitência. Minhas mortificações consistiam em dominar minha vontade, sempre pronta a impor-se; em reter uma palavra de réplica; em prestar pequenos favores sem deixá-los transparecer etc. etc.

Foi pela prática dessas *"ninharias"* que me preparei para me tornar noiva de Jesus.

MA A 68 v.

22 Março

A penitência
mais importante é a do espírito

Aplicava-me, antes de tudo, à prática de pequenas virtudes, uma vez que não achava facilidade de praticar as grandes. Gostava, pois, de dobrar as capas esquecidas pelas irmãs, e de prestar a estas todos os pequenos obséquios ao meu alcance. Foi-me dado, também, o amor à mortificação, ele era tanto maior quanto nada me era permitido para satisfazê-lo... A única mortificação que fazia neste mundo, e consistia em não me encostar, quando sentada, foi-me interdita por causa de minha propensão à corcundice. Ah! Sem dúvida, meu ardor não teria durado muito se me tivessem concedido muitas penitências... As que me eram autorizadas, sem minha solicitação, consistiam em mortificar meu amor-próprio, o que me beneficiava mais do que penitências corporais...

MA C 74 v.

· Março 23

Não darei os sofrimentos em troca dos êxtases

Lembro-me de que, no mês de junho de 1888, no momento de nossas primeiras provações, eu dizia: "Sofro muito, mas sinto que posso ainda suportar provações maiores". Não pensava, então, nas que me estavam reservadas... Não sabia que, no dia 12 de fevereiro, um mês após minha tomada de hábito, nosso querido Pai beberia o mais amargo e humilhante de todos os cálices...[1]

Um dia, no Céu, teremos prazer em falar de nossas *gloriosas* provações. Mas, não somos desde já felizes por tê-las sofrido?... Sim, os três anos de martírio do papai se me apresentam como os mais amáveis, os mais frutuosos de nossa vida. Não os daria em troca de todos os êxtases e revelações dos santos.

MA A 73

---

[1] Em 12 de fevereiro de 1889. o Sr. Martin teve que deixar Lisieux para se internar na casa de Saúde do Bom Salvador, em Caen.

24 Março

De momento a momento

Tenho apenas o sofrimento do momento. Se pensamos no passado ou no futuro, perdemos a coragem e nos desesperamos.

NV 19 a

De minuto a minuto, pode-se suportar muito.

NV 14 g

• Março 25

E se também o Senhor ignorasse o meu sofrimento?

Ah! Que Jesus me perdoe se eu o magoei; ele sabe, porém, que, embora eu não *goze da fé*, procuro pelo menos praticar as obras. Acho que, de um ano para cá, fiz mais atos de fé do que em toda a minha vida...

Não obstante esta provação que me tira todo gozo, posso contudo exclamar: "Senhor, vós me cumulais de *alegria*, por tudo quanto fazeis" (Sl 51).

Haverá, pois, maior alegria do que a de sofrer por vosso amor? Quanto mais íntimo é o sofrimento, quanto mais escondido aos olhos das criaturas, tanto mais ele vos agrada, ó meu Deus! Mas, se, por absurdo, vós mesmo devêsseis ignorar o meu sofrimento, sentir-me-ia feliz de tê-lo, se por ele conseguisse impedir ao reparar uma única falta cometida contra *a fé*...

MA C 7

26 Março

Que custe, que felicidade!

Oh! Como nos custa dar a Jesus o que ele pede! Mas, que felicidade que custe tanto! Que alegria inefável levar as nossas cruzes sentindo nossa fraqueza!

C 59

Sou ainda uma criança

Jesus, não posso aprofundar meu pedido. Recearia ser aniquilada pelo peso dos meus audaciosos desejos... Minha desculpa é que sou ainda *criança*, e crianças não refletem no alcance de suas palavras. No entanto, seus pais, se forem elevados a um trono e se dispuserem de imensos tesouros, não hesitam em contentar os desejos dos *"pequeninos seres"* que amam como a si mesmos. Para lhes dar prazer, cometem loucuras e chegam até à *fraqueza*... Pois bem, eu sou a *filha da Igreja*, e a Igreja é rainha, por ser tua Esposa, ó Divino Rei dos Reis... Não são riquezas e glória (nem sequer a glória do Céu) que o coração da criancinha pede para si... Compreende que a glória, por direito, pertence aos irmãos, aos anjos e santos... Sua glória será o reflexo da que se irradia da fronte de sua mãe. O que ela pede é o Amor!

MA B 4

28 Março

Pedir o amor

Não são riquezas e glória que o coração da criancinha pede para si.

O que pede é o Amor. Não sabe outra coisa, senão amar-te, ó Jesus... Obras grandes não são de seu alcance. Não pode pregar o Evangelho, nem derramar o seu sangue... Mas, pouco importa, seus irmãos trabalham em seu lugar, enquanto ela, criancinha, se deixa ficar juntinho ao *trono* do Rei e da Rainha, *amando* em lugar dos irmãos que combatem... Como, porém, testemunhará seu amor, já que o amor se prova pelas obras? Pois bem! A criancinha *jogará flores*, embalsamará com seus *perfumes* o trono real, cantará com sua voz argentina o cântico do *amor*...

MA B 4

Quero jogar flores

Não tenho outro meio para provar-te meu amor, meu Deus, senão o de jogar flores, isto é, o de não deixar escapar nenhum sacrificiozinho, nenhum olhar, nenhuma palavra, o de servir-me das coisas mais pequeninas, fazendo-as por amor. Quero sofrer por amor e até regozijar por amor e, assim, lançarei flores diante do teu trono. Não encontrarei uma só sem *desfolhá-la por ti*... E cantarei, lançando minhas flores (seria possível chorar fazendo ação tão alegre?). Cantarei, ainda que tenha que colher minhas flores entre os espinhos. Meu canto será tanto mais melodioso quanto mais longos e agudos forem os espinhos.

MA C 4 v.

30 Março

O sorriso da Igreja

Jesus, para que servirão minhas flores e meus cantos?... Ah! Bem o sei: esta chuva embalsamada, estas pétalas frágeis e sem valor algum, os cantos de amor do mais pequenino dos corações, hão de encantar-te. Sim, essas ninharias te darão prazer, farão sorrir a Igreja Triunfante, a qual recolherá minhas flores, desfolhadas por amor, e fará com que cheguem às mãos divinas, ó Jesus. Querendo *brincar* com sua filhinha, a Igreja do Céu, por sua vez lançará as flores, munidas de valor infinito ao teu toque divino, jogando-as sobre a Igreja Padecente, a fim de extinguir as chamas, e sobre a Igreja Militante, a fim de lhe trazer a vitória!...

MA C 4 v.

• Março 31

Uma brisa leve

Pouco tempo depois da minha primeira Comunhão, entrei em novo retiro para a Crisma...[1]

Oh! Como estava alegre a minha alma! Como os apóstolos, eu aguardava, venturosa, a visita do Espírito Santo... Alegrava-me com a ideia de que dentro em breve seria perfeita cristã, sobretudo que eternamente teria na fronte a misteriosa cruz que o bispo traça, quando faz a imposição do Sacramento... Chegou, afinal, o ditoso momento. Não senti, quando desceu o Espírito Santo, nenhum vento impetuoso, mas antes aquela *leve brisa*, cujo murmúrio o profeta Elias ouviu no monte Horeb...[2] Nesse dia, recebi a força de *sofrer*, pois logo em seguida devia começar o martírio de minha alma... Foi minha querida e gentil Leônia que me serviu de madrinha.

MA A 36 v.

---

[1] Teresa foi crismada por Dom Hugonin, bispo de Bayeux, em 14 de junho de 1884.
[2] Cf. 1Rs 19,12-13.

Abril
CORAÇÃO
ternura do homem e de Deus

A dez anos, o coração...

Em redor de mim, tudo era gozo e felicidade, eu era festejada, mimada, admirada... Numa palavra, durante quinze dias minha vida foi semeada só de flores...

Confesso que tal vida tinha encantos para mim. Muita razão tem a Sabedoria quando diz que "a fascinação das bagatelas do mundo seduz até o espírito afastado do mal".[1] Aos dez anos, o coração deixa-se facilmente fascinar. Por isso, considero uma grande graça não ter ficado em Alençon. Os amigos que ali tínhamos eram muito dados ao mundo e sabiam conciliar demasiadamente bem as alegria da terra com o serviço de Deus.

MA A 32 v.

---

[1] Sb 4,12.

2 Abril

"Sinto-o", mesmo sem ter feito a experiência...

Como pode unir-se intimamente a Deus um coração entregue à afeição das criaturas?... Sinto que não é possível. Sem ter bebido a taça envenenada do amor por demais ardente pelas criaturas, *sinto* que não posso me enganar...

MA A 38 v.

• Abril 3

O que me teria tornado?

O que me teria tornado se tivesse sido a "queridinha" da comunidade, como o julgavam as pessoas de fora? Se em lugar de ver Nosso Senhor em minhas Superioras, não considerasse talvez senão as pessoas, meu coração, tão *bem preservado* no mundo, ter-se-ia apegado a afeições humanas dentro da clausura... Felizmente fui preservada de tal desgraça. Sem dúvida, *amava* muito a nossa Madre, mas com uma afeição *pura*, que me elevava ao Esposo de minha alma...

MA A 70

4 Abril

Pequeno, grande coração

É incrível como meu coração me parece grande quando considero os tesouros da terra, ainda que todos reunidos não o poderiam contentar; quando, porém, considero Jesus, como me parece pequeno...

C 51

Mas o coração não perde a sua ternura

Dando-se a Deus, o coração não perde a sua ternura natural, pelo contrário, essa ternura cresce, tornando-se mais pura e mais divina. Madre bem-amada, é com essa ternura que vos amo, a vós e às minhas irmãs.

MA C 9

6 Abril

Ele se dilata com nova e incomparável ternura

Não sinto mais necessidade de recusar-me todas as consolações do coração, pois minha alma está estabelecida naquele que eu queria amar unicamente, vendo com alegria que, amando-o, o coração se dilata e pode, incomparavelmente, dar muito mais ternura aos que lhe são caros, do que quando se concentra num amor egoísta e infrutuoso.

MA C 22

• Abril 7

Não torna insensíveis os corações

Oh! Como é bela a nossa religião, em vez de tornar insensíveis os corações (como o mundo crê), ela eleva-os e torna-os capazes de amar, de amar com um amor quase infinito, visto que deve continuar após esta vida mortal que nos é dada para adquirir a Pátria dos Céus, onde tornaremos a encontrar os seres queridos que tivermos amado na terra.

C 145

8 Abril

Abandonar o meu carmelo: um exílio para o coração

Se me for preciso, um dia, deixar o meu querido Carmelo... Ah! Não seria sem sofrimento: Jesus não me deu um coração insensível, e é justamente porque ele é capaz de sofrer que eu desejo que dê a Jesus tudo o que pode dar. *Aqui*, Madre muito amada, vivo sem embaraço das preocupações... *Aqui*, vivo cumulada de vossas maternais atenções, não sinto a pobreza, porque jamais me faltou coisa alguma. Mas, *aqui*, sobretudo, sou amada por vós e por todas as Irmãs, e tal afeição é muito doce para mim. Eis por que sonho com um mosteiro, onde seria ignorada, onde teria de sofrer a pobreza, a carência de afeição, enfim, o exílio do coração.

MA C 10

• Abril 9

Os corações não se separam na morte

Meu irmão! Como gostaria de derramar em seu coração o bálsamo da consolação!...

Como me sentiria feliz se aceitasse a minha morte como a aceita Madre Inês de Jesus. Ignora sem dúvida que ela é duas vezes minha irmã e que foi ela que me serviu de mãe na minha infância. A nossa boa Madre receava muito que a sua natureza sensível e a sua grande afeição por mim lhe tornassem bem amarga a minha partida. Aconteceu o contrário. Fala da minha morte como de uma festa e é uma grande consolação para mim.

Peço-lhe, meu querido irmãozinho, tente como ela persuadir-se de que, em vez de me perder, me *encontrará*, e que eu não o deixarei jamais.

C 229

10 Abril

O coração é tudo, quando não se tem mais nada

Não dou importância alguma aos meus sonhos. Aliás, quando os tenho, raramente são simbólicos, e pergunto a mim mesma por que razão, pensando o dia inteiro em Nosso Senhor, não me ocupo mais, com ele, durante o sono... Geralmente sonho com bosques e flores, com riachos e mar, e quase sempre vejo lindas criancinhas, caço borboletas e passarinhos, como nunca os vira iguais. Vedes, minha Mãe, que meus sonhos, embora tendo uma aparência poética, estão longe de ser místicos...

Depois da morte de Madre Genoveva, tive certa noite um mais consolador. Sonhei que ela fazia seu testamento, e a cada irmã dava alguma coisa que lhe pertencera. Ao chegar minha vez, julguei que nada receberia, visto que já não lhe sobrava nada. Ela, porém, soergueu-se e disse-me, por três vezes, com timbre penetrante: "A vós, vos deixo o meu *coração*".

MA A 79

• Abril 11

Um travesseiro

No presépio onde repousa,
vejo muitas vezes Jesus despertar.
Queres saber a causa?
Não tem travesseiro para recostar.

Eu o sei, vossa alma só almeja
dia e noite o consolar.
Pois bem! O travesseiro que ele deseja
é vosso coração ardente para amar.

Ah! Sede sempre mansa e humilde,
e o Tesouro que estremeço
poderá dizer-vos: "Minha esposa,
em ti, docemente, eu adormeço"!...

P 15,16

12 Abril

A melodia de Santa Cecília

"Conserva meu coração puro, Jesus, meu terno Esposo!"

Inefável abandono! Melodia divina!
Tu revelas o amor por teu canto dos céus:
o amor que não teme, se esquece e reclina
como uma criancinha, no Coração de Deus...

P 2,4

• Abril 13

Tomar Jesus pelo coração

O Bom Deus é bem melhor do que tu julgas. Ele contenta-se com um olhar, com um suspiro de amor... Quanto a mim, acho a perfeição bem fácil de praticar porque compreendi que basta só *tomar Jesus pelo coração*. Olha para uma criancinha que acaba de aborrecer a sua mãe, encolerizando-se ou desobedecendo-lhe: se ela se esconde em um canto, de mau humor, e grita com medo de ser castigada, a sua mamãe certamente não lhe perdoará a falta; mas, se ela lhe estende os bracinhos, sorrindo e dizendo: "Dá-me um beijo, não *torno mais a fazer*", não a apertará logo a mãe, com ternura, ao coração, esquecendo tudo o que a criança fez?... A mãe sabe muito bem que seu querido filho *cairá* de novo na primeira ocasião, mas isso não importa.

C 171

14 Abril

A infinita ternura do coração de Deus

Ó meu Deus! bradei do fundo do coração, haverá só vossa justiça para receber almas que se imolem como vítimas?... Será que também vosso *amor* misericordioso não precisa delas?... De todas as partes é desconhecido e rejeitado. Os corações a quem o desejais prodigalizar voltam-se para as criaturas, pedindo-lhes felicidade em troca do seu miserável afeto, em vez de se atirarem a vossos braços e aceitarem vosso *amor infinito*... Ó meu Deus! Será que vosso desprezado amor se confina em vosso Coração? Parece-me que se encontrardes almas que se ofereçam como vítimas de holocaustos a vosso amor, vós as consumiríeis rapidamente. Parece-me que vos daríeis por feliz de não represar as ondas de infinita ternura que estão em vós...

MA A 84

• Abril 15

Tu que criaste o coração das mães...

Em ti, que soubeste criar o coração das mães, eu encontro toda ternura paterna. Verbo eterno, Jesus, meu único amor, o teu coração é mais que materno para mim. Sempre me segues e me guardas, e quando te invoco logo acorres, e se alguma vez pareces esconder-te, sem demora me ajudas a procurar-te.

MA 221

16 Abril

No sulco luminoso de Deus

Jamais esquecerei a impressão que o mar me causou. Não podia impedir-me de olhá-lo sem cessar. A sua majestade, o bramido das ondas, tudo falava à minha alma da grandeza e do poder de Deus...

Ao entardecer, à hora que o sol parece banhar-se na imensidão das ondas, deixando atrás de si um sulco luminoso, ia sentar-me sozinha com Paulina no rochedo... Então, lembrava-me da tocante história do "Sulco de ouro"![1] Contemplei longamente esse *sulco luminoso*, imagem da graça a clarear a rota do barquinho de graciosa vela branca... Junto a Paulina, tomei a resolução de nunca afastar minha alma do olhar de Jesus, a fim de que navegue em paz, para a Pátria do Céu!...

MA A 22

---

[1] A história faz parte de uma série de leituras: *La Tirelire aux histoires*, da Sra. Luísa S. W. Belloc. Tal meditação, porém, não foi feita em 8 de agosto de 1878, mas por ocasião de outro passeio (1879-1881).

• Abril 17

Só sabia falar com Ele

Acaso não era Jesus o meu *único amigo?* Não sabia falar senão com ele. As conversas com as criaturas, mesmo as conversas piedosas, cansavam-me a alma... Sentia que era melhor falar a Deus do que falar de Deus, pois mistura-se tanto amor-próprio nas conversas espirituais!

MA A 41

18 Abril

Deus, alma de nossa alma

Deus é admirável, mas antes de tudo é amável...
Amemo-lo, pois, amemo-lo a ponto de sofrer por ele tudo o que lhe aprouver, até as penas da alma, a aridez, as angústias, as friezas aparentes...
Deus será a alma da nossa alma.

C 73

• Abril 19

Aquele que me encantou

Crescia no amor do Bom Deus, sentia no meu coração impulsos até então desconhecidos, tinha, às vezes, verdadeiros transportes de amor. Numa noite, não sabendo como declarar a Jesus que o amava, e quanto desejava que ele fosse amado e glorificado em toda parte, veio-me com grande dor o pensamento de que do inferno ele não poderia jamais receber um único ato de amor. Disse então ao Bom Deus que, para lhe dar prazer, de bom grado consentiria em ver-me ali imersa, a fim de que ele fosse eternamente *amado* naquele lugar de blasfêmia... Sabia que isso não poderia glorificá-lo, mas quando se ama, sente-se a necessidade de dizer mil desatinos. Se falava assim, não era porque o Céu não aguçasse minha ambição. Mas, então, o Céu para mim não era outra coisa senão o Amor.

MA A 52

20 Abril

Escondeu-me na fenda do rochedo

O Bom Deus, que queria chamar a si a menor e a mais fraca de todas, apressou-se a desenvolver-lhe as asas. Ele que se compraz em mostrar sua bondade e seu poder, servindo-se de instrumentos menos dignos, houve por bem chamar-me a mim antes de Celina que, sem dúvida, merecia muito mais esse favor... Jesus sabia quanto eu era fraca e por isso escondeu-me, como primeira, na fenda do rochedo.[1]

MA A 44

---

[1] Ct 2,14 ou Ex 33,22.

• Abril 21

Sob as suas asas, transbordo de alegria

Chorei pensando que o Senhor fez aquela comparação para que compreendêssemos a sua ternura. Em toda a minha vida fez assim comigo, escondeu-me completamente sob as suas asas. Não me contive, o coração transbordava de gratidão e de amor.

NV 7 junho

22 Abril

Ato de oferecimento

Meu Deus, ofereço-vos todas as ações que fizer neste dia, nas intenções e pela glória do Sagrado Coração de Jesus: quero santificar as palpitações do coração, os pensamentos e as ações mais simples, unindo-os aos seus méritos infinitos, e reparar as minhas culpas, lançando-as na fornalha do seu coração misericordioso.

Ó Senhor, peço-vos para mim, e para todos os que me são caros, a graça de cumprir perfeitamente a vossa santa vontade, de aceitar por vosso amor as alegrias e as penas desta vida passageira, a fim de estar um dia reunidos no céu por toda a eternidade. Assim seja!

O 13

A vida é um navio

Ah! Era bem, única e exclusivamente pela Santíssima Virgem que eu ia à Abadia... Por vezes sentia-me sozinha, muito sozinha. Como nos dias de minha vida de semi-interna, quando triste e doente passeava no grande pátio, repetia as palavras que sempre me fizeram renascer paz e alento no coração: "A vida é teu navio, e não tua morada!" Quando ainda pequenina, essas palavras davam-me coragem. Ainda agora, a despeito dos anos que apagam as impressões da piedade infantil, a imagem do navio enleva minha alma, ajudando-lhe a suportar o exílio... Não nos diz também a Sabedoria: "a vida é como uma nau que sulca as ondas agitadas, e de cuja rápida passagem não fica nenhum vestígio"?[1]

MA A 41

---

[1] Sb 5.10.

24 Abril

Deus é carinhoso

Jamais ouvira dizer que as faltas podiam *não desagradar ao Bom Deus*; essa certeza encheu-me de alegria e levou-me a suportar com paciência o exílio da vida. Senti, bem no fundo do coração, que era verdade, pois o Bom Deus é mais carinhoso do que uma mãe. Ora, não estais vós, minha querida Mãe, sempre pronta a relevar-me as pequenas indelicadezas, que involuntariamente faço?... Quantas vezes já não tive a doce experiência!... Nenhuma censura me sensibilizaria tanto, quanto uma única de vossas carícias. Sou de tal feitio, que o temor me faz retroceder. *Com amor*, não caminho apenas, mas voo...

MA A 80 v.

• Abril 25

Deus é justo

Parece-me que, se todas as criaturas recebessem as mesmas graças que eu, o Bom Deus não seria temido por ninguém, mas amado até a loucura; e por *amor*, não a tremer, nenhuma alma jamais consentiria em lhe causar desgosto... Compreendo, todavia, que nem todas as almas podem ser semelhantes. É preciso que haja várias categorias, a fim de honrarem de modo especial cada uma das perfeições do Bom Deus. A mim me deu sua *infinita misericórdia, através da qual* contemplo e adoro as demais perfeições divinas!... Então todas se me apresentam radiosas de *amor*... A própria justiça (talvez mais do que qualquer outra) se me afigura revestida de *amor*... Que doce alegria pensar que o Bom Deus é *justo*, quer dizer, leva em consideração nossas fraquezas, conhece perfeitamente a fragilidade de nossa natureza. De que então teria eu medo?

26 Abril

O meu pranto

Bem o sei, Jesus, meus suspiros e meu pranto são a teus olhos radiantes de encantos; os Serafins no céu formam tua corte de luz; no entanto, tu procuras meu amor, Jesus ... Tu queres meu coração... Eu to dou, não o nego!

Todos os meus desejos, enfim, te entrego; e aqueles a quem amo, ó meu Esposo, meu Rei, só por ti os quero amar, bem sei.

P 23,5

Bem-aventurados os que sofrem

Celina, os corações puros estão muitas vezes cercados de espinhos, muitas vezes estão em trevas, então os lírios creem ter perdido a sua brancura, pensam que os espinhos que os cercam conseguiram rasgar sua corola! Compreendes, Celina? Os lírios no meio dos espinhos são os prediletos de Jesus, é no meio deles que ele encontra suas delícias! "Bem-aventurado aquele que foi achado digno de sofrer a tentação!"[1]

C 83

---

[1] Tg 1,12.

28 Abril

Deus não tem pressa

Celina, o sol e a chuva podem cair, sem a desbotar, sobre esta florinha desconhecida, "Celina". Ninguém pensa em colhê-la, mas não é ela também virgem?... Sim, visto que só Jesus a viu, visto que foi ele que a criou só para si! Oh! Então ela é mais feliz do que a rosa brilhante que não é só para Jesus!

Celina, felicito-te pela tua festa de uma maneira pouco comum, pode-se dizer, mas tu vais compreender as palavras incoerentes de tua Teresa... Celina, parece-me que o Bom Deus não tem precisão de anos para fazer a sua obra de amor numa alma, um raio de luz do seu coração pode num instante fazer desabrochar a sua flor para a eternidade...

C 104

• Abril 29

Guarda a Palavra

Guardar a palavra de Jesus, aqui está a única condição da nossa felicidade, a prova do nosso amor por ele. Mas o que é então essa palavra?... Parece-me que a palavra de Jesus é *ele mesmo, ele, Jesus, o Verbo, a Palavra de Deus!...* Ele no-lo diz mais adiante no mesmo Evangelho de São João. Orando a seu Pai pelos seus discípulos, exprime-se assim: "Santificai-os pela vossa *palavra*, a vossa palavra é a *Verdade*...". Em outra passagem Jesus ensina-nos que ele é o *Caminho, a Verdade e a Vida*. Nós possuímo-la, a Verdade, nós *conservamos* Jesus nos nossos *corações*!...

C 144

30 Abril

O hóspede do nosso coração

O nosso Deus, o Hóspede do nosso coração, bem sabe que *"não podemos cantar os cânticos do Senhor numa terra estrangeira"*,[1] por isso ele vem a nós com a intenção de encontrar uma morada, uma tenda VAZIA, no meio do campo de batalha da terra.

"Nós nada sabemos pedir, como deve ser, mas é o Espírito que pede em nós com gemidos inenarráveis".[2] Não temos mais nada a fazer senão entregar a nossa alma, *abandoná-la* ao nosso grande Deus.

Como deve ser grande a alma para conter um Deus! E, contudo, a alma da criança de *um dia* é para ele um paraíso de delícias, o que serão então as nossas que lutaram, sofreram para *encantar o Coração do seu Amado?*

C 144

---

[1] Sl 136,4-2.
[2] Rm 8,26.

Maio

DIREÇÃO ESPIRITUAL
seguir o caminho de Deus

• Maio 1

Quantas almas chegariam à santidade se fossem bem dirigidas!

Certo é que o Batismo deposita nas almas um gérmen muito profundo das virtudes teologais, uma vez que já se manifestam desde a infância, e que a esperança dos bens futuros é quanto basta para a aceitação dos sacrifícios...

Vendo de perto essas almas inocentes, compreendi a desgraça de não as formar devidamente desde o despertar da razão, enquanto ainda se assemelham à cera mole, na qual é possível moldar o selo tanto da virtude como da maldade... Compreendi o que disse Jesus no Evangelho: "Melhor seria ser lançado ao mar, do que escandalizar um só destes pequeninos".[1] Oh! Quantas almas chegariam à santidade se fossem bem dirigidas!

MA A 52

---

[1] Mt 18.6.

2 Maio

Deus não precisa, mas...

Bem sei que o Bom Deus não precisa de ninguém para fazer sua obra. Mas, assim como ele permite a um jardineiro competente cultivar plantas raras e mimosas, e para tanto lhe ministra a ciência necessária, e a si mesmo reserva a incumbência de fecundar, da mesma maneira quer Jesus ser ajudado no divino cultivo das almas.

Que aconteceria se um jardineiro incompetente não enxertasse bem seus arbustos? Se não soubesse distinguir a constituição de cada qual e quisesse produzir rosas em pessegueiros?... Faria morrer a árvore que, aliás, era boa e capaz de produzir frutos.

Assim, torna-se necessário saber discernir, já na infância, o que o Bom Deus exige das almas, e secundar a ação de sua graça, sem que a ultrapasse ou retarde.

MA A 53

• Maio 3

"O meu Diretor"

O Padre Pichon tendo vindo para a profissão de Irmã Maria do Sagrado Coração, ficou surpreso ao verificar o que o Bom Deus operava em minha alma. Disse-me que na véspera me observou a rezar no coro, e achava meu fervor muito próprio de criança, e meu caminho muito suave. A conversa com o bom Padre foi para mim um consolo muito grande, embora anuviado de lágrimas, por causa da dificuldade que sentia em abrir minha alma.

Fiz, contudo, uma confissão geral, como nunca fizera anteriormente. No fim, disse-me o Padre estas palavras, as mais consoladoras que me vibraram aos ouvidos da alma: "Na presença do Bom Deus, da Santíssima Virgem e de todos os Santos, declaro que jamais cometestes um só pecado mortal". Acrescentou em seguida: "Agradecei ao Bom Deus o que fez por vós, pois se vos tivesse abandonado, em lugar de ser um anjinho, tornar-vos-íeis um demoninho".

MA A 70

4 Maio

"O meu Diretor"

Oh! Não tive dúvida em admiti-lo. Sentia quanto era fraca e imperfeita, mas a gratidão inundava minha alma. Tanto receava ter manchado a veste do meu Batismo, que a declaração, saída da boca de um diretor, como os que Nossa Santa Madre Teresa desejava, isto é, os que unissem a *ciência à virtude,*[1] me parecia proferida pela boca do próprio Jesus... Disse-me ainda o bom Padre as seguintes palavras, que ficaram carinhosamente gravadas no meu coração: "Minha filha, Nosso Senhor seja sempre vosso Superior e vosso Mestre de noviços". E de fato, ele o foi, e foi também "meu Diretor".

MA A 70

---

[1] Caminho de Perfeição, 6.

• Maio 5

O Diretor dos diretores

Disse que Jesus foi "o meu Diretor". Ao entrar para o Carmelo, travei conhecimento com alguém que me serviria como tal, mas ele partiu para o desterro, logo depois de me admitir no número de suas filhas...[1] Assim, foi só conhecê-lo para logo me privar dele... Limitada a receber uma carta sua por ano sobre as doze que lhe escrevia, meu coração de pronto se volveu para o Diretor dos diretores, e foi quem me instruiu na ciência oculta aos sábios e entendidos, dignando-se revelá-la aos *pequeninos*...[2]

MA A 71

---

[1] O Padre Pichon foi enviado ao Canadá na qualidade de pregador. Embarcou no Havre em 3 de novembro de 1888.
[2] Mt 11,25.

Jesus é um diretor paciente

Durante o meu postulantado, ficava contente de ter coisas boas para meu uso, de encontrar ao alcance da mão tudo o que fosse necessário. "Meu Diretor" suportava com paciência, pois não gosta de mostrar às almas tudo ao mesmo tempo. De ordinário concede a sua luz pouco a pouco.

MA A 74

Maio 7

Parece muito fácil, de longe, guiar as almas; mas de perto...

De longe, parece muito róseo *fazer algum bem às almas*, levá-las a amar a Deus, moldá-las, enfim, de acordo com os nossos pontos de vista e ideias pessoais. *De perto,* é bem ao contrário. O róseo desvanece... Percebe-se que fazer algum bem, sem a ajuda de Deus, é cousa quase impossível quanto fazer o sol brilhar em plena noite... Sente-se que é preciso, absolutamente, esquecer os próprios gostos, nossas concepções pessoais, e guiar as almas pelo caminho que Jesus lhes traçou, sem fazê-las andar pelo nosso próprio caminho.

MA C 22 v.

8 Maio

Há diferenças muito maiores entre as almas do que entre as fisionomias

Verifiquei, de início, que todas as almas têm mais ou menos os mesmos combates, mas diferenciam-se de tal maneira, que sem dificuldade compreendo a opinião do Padre Pichon: "Há diferença muito maior entre almas do que entre fisionomias". Por isso, é impossível haver-me com todas da mesma maneira. Com certas almas, percebo que tenho de diminuir-me, de não recear humilhar-me, revelando meus combates, minhas derrotas. Ao verem que tenho as mesmas fraquezas que elas, minhas irmãzinhas me confessam, por sua vez, as faltas de que se recriminam, e se alegram de que as compreenda de *própria experiência*. Com outras, percebi que, para lhes fazer algum bem, preciso, pelo contrário, usar de muita firmeza e nunca me desdizer de alguma afirmação. Abaixar-se, nestes casos, não seria humildade, mas fraqueza.

MA C 23 v.

• Maio 9

Ninguém é bom juiz
em causa própria

O Bom Deus concedeu-me a graça de não ter medo da guerra, preciso a todo custo cumprir minha obrigação. Mais de uma vez ouvi o seguinte: "Se quiserdes conseguir de mim alguma coisa, é necessário que me leveis pela bondade. À força não obtereis coisa alguma". Sei por mim que ninguém é bom juiz em causa própria, e que a criança, a quem o médico submete a dolorosa operação, não deixará de soltar berros, afirmando que o remédio é pior do que a doença. Logo, porém, que esteja curada alguns dias mais tarde, sentir-se-á muito feliz por poder brincar e correr. O mesmo acontece com as almas. Bem depressa reconhecem que, muitas vezes, um pouco de amargura é preferível ao açúcar, e não temem confessá-lo.

MA C 24

10 Maio

Um falso clarão que não seria Deus

Como é bom para mim Aquele que logo será o meu Noivo, como é divinamente amável não querendo permitir que me apegue a nenhuma coisa criada! Ele bem sabe que, se me desse só uma sombra de *felicidade,* apegar-me-ia a ela com toda a energia e toda a força do meu coração; esta sombra recusa-me ele!... Prefere deixar-me nas trevas a dar-me um falso clarão que não seria *Ele*!

C 50

• Maio 11

Desapeguemo-nos das consolações de Jesus para nos apegarmos a Ele somente

Celina, como deves sentir-te feliz por contemplar a bela natureza, as montanhas, os rios prateados. Tudo é tão grandioso, tão bem feito para elevar as nossas almas... Querida Irmãzinha, deixemos a terra, voemos para a montanha do Amor, onde está o belo lírio das nossas almas. Desapeguemo-nos das consolações de Jesus para nos unirmos a Ele somente!

C 83

12 Maio

Pobreza nas coisas indispensáveis

Torno às lições que *"meu Diretor"* me deu. Certa noite, após Completas, procurei em vão vossa candeia nas prateleiras destinadas a guardá-la. Era o grande silêncio,[1] impossível reclamá-la. Deduzi que alguma irmã, crendo pegar sua candeia, levara a nossa, e esta me fazia muita falta. Em vez de me aborrecer com esta privação, senti-me muito feliz, percebendo que a pobreza consiste em ver-se privado não só das coisas agradáveis, mas ainda das coisas indispensáveis. E assim, nas *trevas exteriores*, fui iluminada interiormente...

MA A 74

---

[1] Designa-se assim, nos Carmelos, o tempo decorrido entre Completas e Laudes do dia seguinte, durante o qual toda palavra é proibida. As comunicações indispensáveis se fazem por meio de sinais ou por escrito.

• Maio 13

Renunciei aos bens da terra por voto de pobreza

Aos bens da terra, renunciei por voto de pobreza. Não tenho, pois, direito de queixar-me, quando me tiram uma coisa que não me pertence. Devo, pelo contrário, alegrar-me quando me acontece sentir a pobreza. Dantes, parecia-me não fazer questão de nada, mas desde que compreendi as palavras de Jesus, vejo que, na prática, sou muito imperfeita. No ofício de pintura, por exemplo, nada me pertence, bem o sei. Mas, se no início do trabalho dou com pincéis e tintas em desordem; se desapareceu uma régua ou um canivete, quase perco a paciência e devo agarrar minha coragem com as duas mãos para não reclamar, com azedume, os objetos que me faltam.

MA C 16

14 Maio

Podemos ser repelidos como mendigos

Muitas vezes é preciso pedir coisas indispensáveis, mas fazendo-o com humildade não se falta ao mandamento de Jesus. Pelo contrário, procedemos como pobres que estendem a mão para receber o que lhes é necessário. Quando são repelidos, não se admiram, porque ninguém lhes deve coisa alguma... Não, não existe alegria comparável à que goza o verdadeiro pobre de espírito. Se pede, com desprendimento, uma coisa necessária, e não só lhe recusam, mas ainda tomam-lhe o que tem, ele segue o mandamento de Jesus: "A quem quiser citar-vos em juízo para vos tirar a túnica, largai-lhe também o manto..."[1]

MA C 16 v.

---

[1] Mt 5.40.

...E arrisco os pedidos mais audazes

Devia ter começado por agradecer-lhe o presente que quer me oferecer para a minha festa. Estou muito sensibilizada, pode estar certa, mas perdoe-me se digo com simplicidade minhas preferências. Já que deseja dar-me prazer, em lugar de peixe eu preferiria um modelo de flores.[1] Você vai pensar que sou muito egoísta, mas veja, o meu tio anima as suas queridas carmelitas, elas estão seguras de que não morrerão de fome... A Teresinha que nunca *gostou do que se come*, gosta muito das coisas úteis à Comunidade, ela sabe que com modelos pode-se ganhar dinheiro para comprar peixe... Mas, enfim, ficarei muito contente se me der um ramo de rosinhas *silvestres*, ou na falta destas, pervincas ou botões de ouro, ou mesmo qualquer outra flor das mais *comuns* me agradaria.

C 159

---

[1] Em vista de trabalhos artísticos de pintura para a Comunidade.

"Seria como o asno carregado de relíquias"

Quando me ocorre pensar ou dizer alguma coisa que agrade às minhas irmãs, acho muito natural que se sirvam dela como se fosse bem próprio. O pensamento pertence ao Espírito Santo, e não a mim, pois São Paulo diz que, sem o Espírito do Amor, não conseguimos dar o nome de *"Pai"* ao nosso Pai que está nos Céus.[1] Ele é perfeitamente livre de se servir de mim para dar um pensamento a uma alma. Se eu acreditasse que o pensamento me pertence, seria como o "asno carregado de relíquias",[2] o qual julgava dirigidas a si as homenagens que se prestavam aos Santos.

MA C 19 v.

---

[1] Rm 8,15.
[2] La Fontaine, *Fábulas*, Livro V, 14 (edição francesa).

• Maio 17

Um ângulo de estrelas para sustentar o coração

A vista de todas estas belezas, despontavam em minha alma pensamentos bem profundos. Parecia-me compreender, desde já, a grandeza de Deus e as maravilhas do Céu... Afigurava-me a vida religiosa *tal qual ela é em si*, com todas as suas *sujeições*, com seus pequenos sacrifícios, feitos na sombra. Compreendia como era fácil ensimesmar-se e esquecer a meta sublime de sua vocação e dizia de mim para comigo: Mais tarde, na hora da provação, quando já não puder, prisioneira que for no Carmelo, contemplar senão uma pontinha do Céu estrelado, lembrar-me-ei de tudo quanto estou vendo hoje. Tal pensamento me dará coragem, e facilmente esquecerei meus pobres e mesquinhos interesses, considerando a grandeza e o poder do Deus a quem quero amar unicamente.

MA A 58

18 Maio

Deixar a arca
como a pomba de Noé

Desde minha entrada na Arca Bendita, sempre pensei que, se Jesus não me arrebatasse bem depressa para o Céu, minha sorte seria a da pombinha de Noé. Um dia o Senhor abriria a janela da Arca, e dir-me-ia que voasse muito longe, muito longe, em direção das plagas infiéis, carregando comigo o raminho de oliveira. Esse pensamento, minha Madre, fez minha alma crescer, fez-me pairar mais alto que todo o criado. Compreendi que, até no Carmelo, poderia haver separações, que só no Céu a união seria completa e eterna. Quis então que minha alma habitasse nos Céus, não olhasse senão de longe para as coisas.

MA C 9

Maio 19

Desapegar-se de tudo

Pobreza, meu primeiro sacrifício,
até a morte, por toda parte, me seguirás,
pois, bem sei, para correr na liça
o atleta de tudo deve se desapegar.
Provai, mundanos, o remorso e a pena,
amargos frutos da vaidade, enfim,
alegremente eu colho na arena
as palmas da Pobreza para mim.

P 30,3

20 Maio

Sofrer e amar: é isso que conta

Tanto faz para mim viver como morrer. Não vejo bem o que terei a mais após a morte que já não tenha nesta vida. Eu verei o Bom Deus, é verdade, mas quanto a estar com ele já estou plenamente nesta terra.

Gostaria tanto de ser enviada ao Carmelo de Hanói para sofrer muito por Nosso Senhor. Gostaria de ir para lá para estar sozinha, para não ter nenhuma consolação sobre a terra. Quanto ao pensamento de ser útil lá, nem me passa pela cabeça, sei muito bem que nada farei. Mas sofrerei e amarei. É isso que conta aos olhos de Deus.

NV 15 maio

Sofrer e amar: é isso que conta

Tiraram-me todos os encargos, pensei que a minha morte não trará a mínima perturbação à comunidade.

NV 18 maio

22 Maio

Escondidos em Deus

Sinto-me bem unida à minha Celina, creio que o Bom Deus raramente fez duas almas que se compreendam tão bem: nunca uma nota discordante. A mão de Jesus que toca uma das liras faz ao mesmo tempo vibrar a outra... Oh! Permaneçamos escondidas na nossa divina Flor dos campos até que as *sombras declinem*.[1] Visto que nós agradamos ao *nosso Lírio*, continuemos a ser com alegria a sua *única* gota de orvalho!... E por essa gotinha que o terá consolado durante o exílio, que não nos dará ele na Pátria?... Ele mesmo no-lo diz: "Aquele que tem sede venha a mim e beba",[2] assim Jesus é e será o nosso oceano... *Como a corça sequiosa, suspiremos por essa água*[3] que nos está prometida, mas a nossa consolação é grande por sermos também o oceano de Jesus, o oceano do Lírio dos vales!...

C 121

[1] Ct 4,6.
[2] Jo 7,37.
[3] Sl 41,2.

Espelho fiel

Ao sair do confessionário, saltavam-me dos olhos lágrimas bem confortantes. Parecia ser o mesmo Jesus que queria dar-se a mim; pois, eu tinha confessado há pouco tempo, e nunca dizia nada acerca de meus sentimentos íntimos. O caminho pelo qual andava era tão reto e tão luminoso, que não precisava de outro guia, senão Jesus... Os diretores espirituais, eu os comparava a espelhos fiéis que refletem Jesus nas almas, achando que no meu caso, o Bom Deus não se valia de nenhuma pessoa intermediária, mas agia diretamente!...

MA A 48 v.

24 Maio

O único diretor espiritual

Desde minha tomada de hábito já tinha recebido copiosas luzes sobre a perfeição religiosa, principalmente no que concerne ao voto de pobreza. Durante o postulantado ficava contente de ter cousas boas para meu uso, de achar à mão tudo o que me fosse necessário. "*Meu Diretor*"[1] levava-o com paciência, pois não gosta de mostrar às almas tudo ao mesmo tempo. De ordinário, concede sua luz pouco a pouco. (No começo de minha vida espiritual, lá pela idade de 13 a 14 anos, perguntava a mim mesma o que ainda alcançaria mais tarde, pois julgava impossível compreender melhor a perfeição. Bem depressa cheguei à conclusão de que, quanto mais se avança neste caminho, tanto mais a gente se julga longe do termo. Por isso agora me resigno a ver-me sempre imperfeita e acho nisso minha alegria)...

MA A 74

---

[1] O "Diretor" de Teresa é Jesus.

Não temas

Se quiseres suportar a provação de estares contente contigo mesma, dar-me-ás com isso um doce asilo; é verdade que sofrerás, porque ficarás como à porta de ti mesma, mas não temas, quanto mais pobre fores, mais Jesus te amará. Ele irá longe, bem longe, se te tresmalhares. Ele prefere ver-te tropeçar durante a noite nas pedras do caminho a ver-te andar em pleno dia por uma estrada esmaltada de flores que poderiam atrasar o teu passo. Amo-te, ó minha Celina, amo-te mais do que poderias imaginar...

C 182

26 Maio

Uma falsa luz

Quanto não agradeço a Jesus de me fazer encontrar só *"amarguras nas amizades da terra"*! Com um coração como o meu, deixar-me-ia prender e cortar as asas, e como, então, poderia *"voar e repousar"*?[1] Como pode unir-se intimamente a Deus um coração entregue à afeição das criaturas?... Sinto que não é possível. Sinto que não posso me enganar, embora não tenha bebido na taça envenenada do amor por demais ardente das criaturas. Vi tantas almas que, seduzidas por essa *falsa luz*, esvoaçaram como míseras mariposas e queimaram as asas. Depois, volveram-se à verdadeira e doce luz do amor, que lhes deu novas asas, mais brilhantes e mais ligeiras, a fim de voar para junto de Jesus, Fogo Divino, "que arde sem se consumir".[2]

MA A 38, 38 v.

---

[1] Sl 54,7.
[2] Ex 3,2 e S. João da Cruz. *Chama viva de Amor* (Comentário da estrofe II).

Maio 27

A fonte da amargura

Jesus via-me fraca demais para me expor à tentação. Talvez eu me teria deixado queimar toda inteira pela *luz enganadora*, se a tivesse visto brilhar aos meus olhos... Não foi assim, encontrei só amargura onde almas mais fortes encontram alegria, a que renunciaram por fidelidade. Não tenho, portanto, nenhum mérito em não me ter entregue ao amor das criaturas, uma vez que fui preservada pela grande misericórdia do Bom Deus!... Reconheço que, sem ele, poderia cair tão baixo como Santa Madalena. E com grande doçura ecoa em minha alma a profunda palavra de Nosso Senhor a Simão...

MA A 38 v.

28 Maio

Livre das coisas

Creio que o trabalho de Jesus, durante este retiro, foi o de me desapegar de tudo o que não é ele...
Se soubesse como é grande minha alegria por não sentir nenhuma, a fim de dar prazer a Jesus!... É uma alegria sutil e puríssima, mas nada sentida.

C 54

• Maio 29

O barco está afundando

Aqui na terra nada pode satisfazer-nos; só se pode sentir um pouco de repouso quando se está disposta a fazer a vontade de Deus.

O meu barquinho tem dificuldade de chegar ao porto. Há muito que avisto a margem e encontro-me sempre afastada dela; mas é Jesus que guia o meu barquinho e estou certa de que no dia em que ele quiser poderá fazê-lo atingir felizmente o porto. Ó Paulina! Quando Jesus me fizer atingir as praias benditas do Carmelo, quero dar-me inteiramente a ele; não quero viver senão para ele. Oh! Não, eu não temerei os seus golpes, porque ainda nos sofrimentos mais amargos, sente-se sempre que é a sua mão suave que fere. Experimentei-o bem em Roma, no momento em que me parecia que a terra fosse me faltar sob os pés.

C 23

30 Maio

Amar a pobreza

Na terra, os grandes e os nobres
possuem palácios suntuosos,
enquanto o asilo dos pobres
são casebres indecorosos.

Assim, vede num estábulo
o pobrezinho do Natal:
esconde sua glória inefável,
deixando seu Céu por um portal.

A pobreza, onde encontrais a paz,
é amada por vosso coração,
é nele que Jesus se compraz
nele quer fazer sua mansão!

P 15,21

• Maio 31

O brinquedo de Jesus

Recordais talvez que outrora eu gostava de me chamar *"o brinquedinho de Jesus"*. Ainda agora, sinto-me feliz de sê-lo, só que me veio à cabeça que o Menino Jesus tinha muitas outras almas, cheias de virtudes sublimes, que se diziam *"seus brinquedos"*, pensei pois que elas eram os seus *"belos brinquedos"* e que a minha pobre alma era apenas um brinquedinho sem valor. Para consolar-me, disse para comigo que muitas vezes as crianças têm mais alegria com os *brinquedinhos sem valor* que se podem *deixar* ou *tomar*, *quebrar* ou *abraçar* segundo o seu capricho, do que com outros mais valiosos nos quais quase não ousam tocar.

Rejubilei então por ser *pobre* e desejei sê-lo cada vez mais, a fim de que de dia para dia Jesus tenha mais gosto em *brincar* comigo.

C 156

Junho

FÉ
um véu que cedo
será quebrado

• Junho 1

À sombra da fé

Lembra-te que, no dia de tua vitória,
disseste-nos: "Aquele que não pôde ver
o Filho de Deus radiante de glória,
é bem-aventurado... se mesmo assim crer!"
Na sombra da fé eu te amo e te adoro:
aguardo em paz o céu, e te imploro.

Que não é meu anseio ver-te na terra.
Eu creio!
Lembra-te!

P 14,27

2 Junho

Quando Jesus se esconde à minha fé, redobro de ternura

A minha paz é de ficar pequena
mesmo quando caio no caminho,
eu posso me erguer sem pena,
e Jesus me toma pela mão.

Cumulando-o de carinho,
eu lhe digo que ele é tudo para mim então...
E eu redobro de ternura até
quando ele se esconde à minha fé.

P 26,4

Junho 3

Na escuridão, o facho da fé

Nos dias tão alegres do tempo pascal, Jesus deu-me a conhecer que realmente existem almas que não têm fé, e que por abuso de graças perdem esse precioso tesouro, fonte das únicas alegrias puras e verdadeiras.

Oh! Senhor... Que todos que ainda não foram iluminados pelo luzente facho da Fé, acabem enfim por vê-la brilhar... Se for necessário, quero comer sozinha o pão da provação até quando vos aprouver introduzir-me em vosso reino luminoso. A única graça que vos peço é a de nunca vos ofender!

MA A 6

4 Junho

Se eu não tivesse
estas tentações contra a fé

Se eu não tivesse estas tentações contra a fé que é impossível compreender... Acho que morreria de alegria ao pensamento de deixar logo esta terra.

NV 21-28 maio

Junho 5

Canto o que quero crer

Madre muito amada, talvez pareça que eu exagero demais minha provação. De fato, se julgardes pelos sentimentos que manifesto nas pequenas poesias que compus este ano, devo parecer-vos uma alma cheia de consolações, para a qual o véu da fé quase se rompeu. E no entanto... para mim, já não é um véu, é um muro que se ergue até os céus e encobre o firmamento estrelado... Quando canto a felicidade do Céu, a posse eterna de Deus, não sinto nenhuma alegria, pois canto simplesmente o que QUERO CRER.

MA C 7 v.

6 Junho

Sobre ondas tempestuosas

Quando Jesus dorme, viver de amor
é repousar sobre ondas tempestuosas.
Oh! Não temas que te desperte, Senhor,
espero em paz, do céu, as praias venturosas...

A Fé rasgará seu véu em breve,
e minha Esperança de um dia vou depor,
a Caridade enche minha vela e a impele,
eu vivo de amor!

P 9,9

Jesus sofre de amor

Se tu és nada, não te esqueças de que Jesus é tudo. Por isso tens que perder o teu pequeno *nada* no seu *tudo infinito* e não pensar mais senão nesse *tudo* unicamente amável...

Jesus sofre de amor e é preciso notar que a *doença de amor não se cura senão com amor*...[1] Dá generosamente teu coração a Jesus. Jesus tem sede e fome dele.

C 87

---

[1] S. João da Cruz, *Explicação do Cântico espiritual*, estrofe 11.

8 Junho

Oração ao Menino Jesus

Ó Jesus Menino, meu único tesouro! Abandono-me aos vossos divinos caprichos, não quero outra alegria que a de fazer-vos sorrir. Imprimi em mim as vossas graças e virtudes infantis, para que no dia do meu nascimento para o Céu, os Anjos e os Santos reconheçam em mim a vossa esposinha *Teresa do Menino Jesus*.

O 5

Quantas loucuras Jesus fez por nós

O único crime censurado em Jesus por Herodes foi o de ser *louco*... E eu penso como ele... Sim, era *loucura* procurar os pobres corações dos mortais e fazer deles seus tronos: ele, o Rei da Glória que está sentado acima dos querubins! Ele, cuja presença os Céus não podem conter! Estava *louco* o nosso Bem-Amado ao vir à terra buscar os pecadores para fazer deles os seus amigos, os seus íntimos, os seus *semelhantes*, ele que era perfeitamente feliz com as duas Pessoas adoráveis da Trindade!...

Não poderemos, jamais, fazer por ele as loucuras que ele fez por nós e as nossas ações não merecem esse nome, porque são atos muito razoáveis e muito abaixo daquilo que o nosso amor quereria realizar.

C 148

10 Junho

Nada, a não ser Jesus

Oh! Não deixemos nada no nosso coração, a não ser Jesus!

C 65

• Junho 11

Ele só é alegria perfeita

Visto que não posso encontrar *nenhuma* criatura que me contente, quero dar tudo a Jesus, não quero dar à criatura nenhum *átomo* do meu amor. Oxalá Jesus me faça sempre compreender que só ele é a felicidade perfeita, mesmo quando parece ausente...

Hoje mais que ontem, se é possível, fui privada de toda consolação. Agradeço a Jesus que acha isso bom para a minha alma.

Talvez, se me consolasse, eu me deteria nessas doçuras, mas ele quer que *tudo* seja para ele. Pois bem, sim, tudo será para ele, tudo. Mesmo quando eu sentir que nada tenho para oferecer-lhe, então, como nesta tarde, oferecer-lhe-ei esse *nada*.

C 50

12 Junho

A sede do amado é a minha sede

O grito de Jesus na Cruz, "Tenho sede!", repercutia continuamente no meu coração. Essas palavras acendiam em mim um ardor desconhecido e muito vivo...

Queria dar de beber ao meu Bem-Amado, e senti-me a mim própria devorada pela sede das almas...

MA A 45 v.

Junho 13

Ofereci-me a Jesus ao sopro de uma suave brisa

Na manhã de oito de setembro, senti-me *inundada* por um rio de *paz*, e foi nessa paz "que ultrapassa todo sentimento"[1] que proferi meus santos votos... Minha união com Jesus não se realizou entre trovões e relâmpagos, isto é, entre graças extraordinárias, mas sob o sopro de uma suave brisa, semelhante à que Nosso Pai Santo Elias ouviu na montanha...[2]

Ofereci-me a Jesus, a fim de que ele realizasse, perfeitamente, em mim sua *vontade*, sem que as criaturas jamais pusessem obstáculo...

MA A 76 v.

[1] Fl 4,7.
[2] 1Rs 19,12-13.

14 Junho

Ele me sustenta minuto a minuto

Meu retiro de profissão foi, pois, como todos os subsequentes, um retiro de grande aridez. Contudo, sem que eu o percebesse, o Bom Deus me indicava claramente o meio de lhe agradar e praticar as mais sublimes virtudes. Observei, amiúde, que Jesus não me quer fornecer *provisões*. Sustenta-me minuto a minuto, com alimento sempre novo, que encontro em mim sem saber como. Creio, simplesmente, que é Jesus mesmo, escondido no fundo do meu pobre coraçãozinho, que me concede a graça de atuar em mim, levando-me a pensar em tudo quanto quer que eu faça no momento presente.

MA A 76

• Junho 15

Tu, a quem amo unicamente...

Jesus, Jesus, se é tão delicioso *desejar amar-te*, o que não será então possuir, gozar o amor?...
Como pode alma tão imperfeita, como a minha, aspirar à posse da plenitude do *Amor?*... Ó Jesus, *meu primeiro, meu único Amigo*, tu a quem *unicamente amo*, dize-me em que consiste esse mistério?... Por que não reservas essas imensas aspirações às grandes almas, às águias que planam nas alturas?... Considero-me como um *fraco passarinho* revestido apenas de leve penugem. *Águia* não sou, dela tenho simplesmente os olhos e o coração...

MA B 4 v.

16 Junho

Em ti tenho os bosques, os campos, os roseirais

Como o cervo em sua sede ardente
suspira pela fonte borbulhante,
Ó Jesus, para ti corro desfalecente;
para acalmar meus ardores, preciso tanto de teu pranto...

É teu amor somente que me pode arrastar;
"Meu rebanho eu deixo na planície pastar,
e nem cuido mais de o guardar",
eu quero agradar a meu único Cordeiro, o Primeiro.

Jesus, és tu o Cordeiro que eu amo,
Tu me bastas, ó meu Bem supremo!
Em ti eu tenho tudo, a terra e o céu mesmo!
A flor que eu colho, ó meu Rei, Jesus, és tu!

Em ti, Jesus, eu tenho tudo, na certa,
espigas de trigo, flores entreabertas,
miosótis, botões de ouro, lindas rosas,
do branco junquilho tenho o frescor, o odor!

P 10.31 ss

Junho 17

Jesus, o amigo fiel

Meu coração estava esmorecido, quando me encaminhei para a missa de meia-noite, à qual contava tão certo assistir por detrás das grades do Carmelo!... Esta provação foi bem grande para mim, mas *Aquele cujo coração vela durante o sono*[1] fez-me compreender que a quem tenha fé igual a um *grão de mostarda*, Ele concede *milagres* e transporta montanhas a fim de consolar esta fé *tão pequena*,[2] mas para os seus *íntimos*, para a sua Mãe, não opera milagres *antes de haver provado a sua fé*. Nas bodas de Caná, tendo a Santíssima Virgem pedido a Jesus que acudisse ao dono da casa, não lhe respondeu que sua hora não tinha ainda chegado?...[3] Mas depois da prova, que recompensa! Assim procedeu Jesus com a sua Teresinha. Depois de prová-la por *muito tempo*, realizou todos os desejos do seu coração...

MA A 67 v.

[1] Ct 5,2.
[2] Mt 17,19.
[3] Jo 2,4.

18 Junho

Coração de passarinho

Por vezes o coração do passarinho vê-se assaltado pela tempestade. Parece-lhe não acreditar que exista outra coisa além das nuvens que o envolvem. E, então, o momento da *alegria perfeita* para a *pobre avezinha tão fraca*. Que ventura para ela permanecer, assim mesmo, a fixar a invisível luz que se oculta à sua fé!!!... Até aqui, Jesus, compreendo o teu amor pelo passarinho, pois não se afasta de ti... Mas, às vezes, eu o sei e tu o sabes também, a imperfeita criaturinha, sem sair de onde está (isto é, debaixo dos raios do sol), deixa-se desviar um pouco de sua única ocupação, respigando uns grãozinhos à direita e à esquerda, correndo atrás de algum vermezinho... Mais adiante, encontra uma poça de água, onde *molha* a plumagem recém-formada. Vendo uma flor que lhe agrada, logo seu acanhado espírito dá atenção à flor... Afinal, não podendo planar como as águias, o pobre passarinho entretém-se ainda com as ninharias da terra.

MA B 5

Meu Deus, meu Deus!

O Bom Deus, que queria experimentar a nossa fé, não nos enviava consolação alguma e, quanto a mim, não podia fazer outra oração senão a de Nosso Senhor sobre a Cruz: "Meu Deus, meu Deus, por que nos abandonaste?",[1] ou então, como no jardim da agonia: "Meu Deus, seja feita a vossa Vontade, e não a nossa".[2] Enfim, para nos consolar, o nosso divino Salvador não nos mandou o anjo que o amparou no Getsêmani, mas um dos seus santos ainda peregrinos na terra e cheio de sua Fortaleza divina...[3]

---

[1] Mt 27,46; Mc 15,34.
[2] Mt 26,39; Mc 4,36; Lc 22,42.
[3] Trata-se do Sr. Guérin.

20 Junho

Abandono

Não, nada me angustia,
nada me pode perturbar;
mais alto que a cotovia,
minha alma sabe voar...

Acima das densas nuvens,
azul é sempre o céu;
aporta-se nas praias,
onde reina o Bom Deus!

Espero em paz a glória
da morada do Senhor,
pois encontro no cibório
o doce fruto do amor.

P 32,6

• Junho 21

Na noite da fé

O Evangelho me diz que, em sabedoria crescendo,
a Maria e a José Jesus fica submisso;
meu coração me revela que, com terno carinho,
ele obedece a seus pais em alegre serviço.

Agora compreendo o mistério do Templo,
a resposta e o tom do meu doce Rei, até;
mãe, o teu filho deseja que tu sejas o exemplo da alma
que o procura na noite da fé...

P 34,15

22 Junho

No livro da vida

O Menino Jesus agradece,
encantado com vossos dons;
no Livro da Vida não os esquece,
registra-os com vossos nomes.

Jesus encontrou delícias
neste seu doce Carmelo,
pra pagar vossos sacrifícios
ele tem seu Céu tão belo!

Se fordes sempre fiéis
em vosso Tesouro alegrar,
o amor vos dará asas
pra num lance divino voar!

Na santa Pátria um dia,
após o exílio e peleja,
vós vereis Jesus e Maria:
assim seja!

P 15,31

• Junho 23

A ciência do amor

Não suponhais que eu esteja a nadar em consolações. Oh! Não! Minha consolação é não ter nenhuma na terra. Sem se mostrar, sem fazer ouvir sua voz, Jesus instruiu-me em segredo, e não foi por meio de Livros, pois não entendo o que leio. Às vezes, porém, alguma palavra me consola, como esta que apanhei ao terminar a oração (depois de ter ficado em silêncio e na secura): "Eis o mestre que te dou! Ensinar-te-á tudo o que deves fazer. Quero levar-te a ler no livro da vida, onde está contida a ciência do Amor".[1] A ciência do amor, oh! Sim, tal palavra repercute suavemente ao ouvido de minha alma. Não desejo outra ciência senão esta. Compreendo, perfeitamente, que só o amor nos pode tornar agradáveis ao Bom Deus, e esse amor é o único bem que ambiciono.

MA B 1

[1] Estas palavras de Nosso Senhor a Santa Margarida Maria se encontram num livro da época.

24 Junho

Amar como Jesus

Quando ordenou ao seu povo que amasse o próximo como a si mesmo,[1] o Senhor não tinha ainda vindo à terra. Por outro lado, sabendo perfeitamente até que ponto amamo-nos a nós mesmos, não podia exigir maior amor com relação ao próximo. Mas quando deu a seus discípulos um novo mandamento, o *seu mandamento*,[2] como mais adiante especifica, Jesus já não fala em amar o próximo como a si mesmo, mas em amá-lo como ele, *Jesus, o amou*, como o amará até a consumação dos séculos...

MA C 12 v.

---

[1] Lv 19,18.
[2] Jo 15,12.

• Junho 25

Nada é impossível

Ah! Senhor, sei que não ordenais nada de impossível. Conheceis melhor do que eu minha fraqueza, minha imperfeição. Bem sabeis que não poderia jamais amar minhas irmãs como vós as amais, se *vós mesmo*, ó meu Jesus, *não as amásseis também em mim*. Por me quererdes dar essa graça é que estabelecestes um novo mandamento. – Oh! Quanto o amo! Pois é o que me dá certeza de ser vossa vontade *amar em mim* todos aqueles a quem me mandais amar.

MA C 12 v.

26 Junho

É Jesus que age...

Sinto, sim, quando sou caridosa, que é só Jesus quem age em mim. Quanto mais unida a ele, tanto mais amo todas as minhas irmãs. Quando quero aumentar em mim esse amor, principalmente quando o demônio tenta colocar diante dos olhos de minha alma os defeitos desta ou daquela irmã, que me seja menos simpática, apresso-me a procurar suas virtudes, seus bons desejos, penso que, se a vi cair uma vez, ela poderá ter ganho um grande número de vitórias e esconde-as por humildade, e que, mesmo aquilo que me parece falta, pode ser um ato de virtude, por causa da intenção.

MA C 12v.-13

• Junho 27

O século das invenções

O Bom Deus não haveria de inspirar-me desejos irrealizáveis. Posso, portanto, apesar de minha pequenez, aspirar à santidade. Crescer, é impossível. Devo suportar-me tal qual sou, com todas as minhas imperfeições. Quero, porém, encontrar um meio de ir para o Céu por uma viazinha bem reta, bem curta, uma pequena via inteiramente nova.

Vivemos num século de invenções. Agora, já não se tem a fadiga de subir os degraus de uma escada: na casa dos ricos, um elevador a substitui com vantagem. Desejei também encontrar um elevador para me erguer até Jesus, porque sou pequenina demais para a rude escada da perfeição.

Fui procurar então nos Sagrados Livros e li estas palavras emanadas da boca da Eterna Sabedoria: "*Se alguém é pequenino, venha a mim*".[1]

MA C 2v-3

---

[1] Pr 9,4.

28 Junho

No regaço de Deus

"*Se alguém é pequenino, venha a mim*".[1] Fui, então, com o pressentimento de ter achado o que procurava, e com a vontade de saber, ó meu Deus, o que faríeis ao pequenino que respondesse a vosso chamado.

Continuando minhas reflexões, eis o que encontrei: "*Como uma mãe acaricia o filhinho, assim vos consolarei, e vos acalentarei em meu regaço!*"[2]

Oh! nunca vieram alegrar minha alma palavras mais ternas e mais melodiosas! O ascensor que deve elevar-me até o Céu são vossos braços, ó Jesus! Por isso não preciso crescer; devo, ao contrário, ficar sempre pequenina e tornar-me cada vez mais.

MA C 3

---

[1] Pr 9,4,
[2] Is 66,13-12.

• Junho 29

A vida custa

A vida é muitas vezes pesada. Quanta amargura unida a tanta doçura! Sim, a vida custa. É penoso começar cada dia de trabalho...

Mas o que faz então o doce Amigo? Não verá ele a nossa angústia, o peso que nos oprime? Onde está ele? Por que não vem consolar-nos, visto que não temos senão a ele como Amigo?

Ah! Ele não está longe, está pertinho, olhando para nós, *mendigando-nos* esta tristeza, esta agonia...[1] *Tem necessidade* dela para as almas, para a nossa alma; quer dar-nos uma tão bela recompensa! As suas ambições a nosso respeito são tão grandes!

C 32

---

[1] Alusão à grande provação de família. O Sr. Martin, depois de ter sofrido vários ataques de paralisia desde o dia 1º de maio de 1887, acabava de passar, o mês de junho precedente, por uma crise mais grave.

30 Junho

Como um mendigo

Jesus encantava as almas fracas com as suas divinas palavras. Procurava torná-las fortes para o dia da provação... Mas como foi pequeno o número dos amigos de Nosso Senhor quando ele se *calava*[1] diante dos juízes... Oh! Que melodia esse silêncio de Jesus para o meu coração... Fez-se pobre a fim de que possamos praticar a caridade para com ele. Estende-nos a mão como um *mendigo*, para que no dia radioso do juízo, quando aparecer em sua glória, possa fazer-nos ouvir estas doces palavras: "Vinde, benditos de meu Pai, porque eu tive fome e me destes de comer, tive sede e me destes de beber, não tinha onde dormir e me destes asilo, estava preso, doente e me socorrestes".[2]

C 12

---

[1] Mt 26,63; Mc 14,61.
[2] Mt 25,34-36.

Julho

ALEGRIA
conhecer os segredos do Amor

• Julho 1

O coração cheio de nostalgia

Ouvia ruídos ao longe... O murmúrio do vento e até a música indecisa de soldados, cuja sonoridade me chegava aos ouvidos, melancolizava suavemente o coração... A terra parecia-me lugar de exílio e eu sonhava com o Céu... A tarde passava rápido, e dentro em pouco era hora de regressar aos Buissonnets. Antes de partir, porém, tomava lanche trazido no meu cestinho. Mudara de aspecto a bela fatia de pão com geleia que me tínheis preparado. Em lugar da cor viva, já não via senão uma ligeira mancha cor de rosa, toda ressequida e amarfanhada... Então a terra me parecia mais triste ainda e compreendia que só no Céu a alegria será sem nuvens...

MA A 14 v.

2 Julho

Gostaria que fosse poupada a dor às pessoas que amo

Na terra haverá sempre alguma nuvenzinha, visto que a vida não pode passar sem isso e só no Céu a alegria será perfeita; mas desejo que o Bom Deus poupe, quanto possível, àqueles que amo os sofrimentos inevitáveis na vida, disposta a tomar sobre mim, se for preciso, as provações que ele lhes reserva.

C 110

• Julho 3

A verdadeira alegria está no íntimo da alma

Oh! Bem o sentia, a alegria não se encontra nos objetos que nos cercam. Encontra-se no mais íntimo da alma. Podemos possuí-la tão bem numa prisão como num palácio. Prova é que no Carmelo sou mais feliz, mesmo entre provações interiores e exteriores, do que era no século, cercada das comodidades da vida, mormente dos encantos da casa paterna!

MA A 65

4 Julho

Finalmente "para sempre!"

No Carmelo, tudo me parecia encantador, cria-me transportada a um deserto, sobretudo nossa celinha me fascinava, a alegria que eu sentia era calma. Nem a mais leve brisa fazia ondular as águas tranquilas sobre as quais navegava minha barquinha. Nenhuma nuvem toldava meu céu azul... Ah! Estava plenamente recompensada de todas as provações... Com que profunda alegria repetia estas palavras: "Estou aqui para sempre, para sempre!..."

MA A 69 v.

• Julho 5

Somente o céu gozará dessa alegria

Desejava muito que as velas do Menino Jesus[1] estivessem acesas quando eu fosse para o capítulo.[2] Quer fazer isso? Peço-lhe que não se esqueça... Não coloquei as velas cor de rosa novas, porque essas falam mais à minha alma. Começaram a arder no dia da minha Tomada de Hábito, estavam então mais rosadas e frescas: o Papai, que mas havia dado, estava presente e tudo era alegria! Mas agora a cor de rosa desapareceu... Há ainda para a sua *Rainhazinha* alegrias *cor de rosa* na terra?...

Oh! Não, não há na terra para ela senão alegrias celestes...

Compreende a sua filhinha?...

Amanhã ela será a esposa de Jesus.

C 95

---

[1] Imagem do Menino Jesus da qual ela cuidava e perante a qual devia passar a procissão das Irmãs, levando-a para o capítulo.
[2] Sala capitular onde se realizava a emissão dos votos.

6 Julho

Somente o céu gozará dessa alegria

Amanhã ela será esposa de Jesus, *daquele cujo rosto estava escondido e que ninguém reconheceu!*[1] *Que aliança e que futuro!*... Sim, sinto-o, as minhas núpcias estarão cercadas de anjos, só o Céu se alegrará e também a esposinha e as suas irmãs queridas.

C 95

---

[1] Is 53,3.

Faz-me bem ter sido má

Estou contente por ter visto a minha imperfeição. Ah! Como me faz bem ter sido má! Não ralhou com sua filhinha e, contudo, ela merecia-o; mas a sua filhinha está habituada a isso, a sua doçura fala-lhe mais do que as palavras severas. Foi para ela a imagem da *misericórdia* do Bom Deus.

Sinto-me muito mais feliz por ter sido imperfeita do que se, sustentada pela graça, tivesse sido um modelo de doçura…

C 207

8 Julho

Não delírio, mas paz

Então, no transporte de minha delirante alegria, exclamei: Ó Jesus, meu amor, minha *vocação*, encontrei-a afinal: *minha vocação é o amor!*...

Por que falar de alegria delirante? Não, a expressão não é bem adequada. É antes a paz calma e tranquila do navegante, tão logo percebe o farol que o guiará ao porto. Ó luminoso farol do amor, sei como achegar-me a ti. Descobri o segredo de apossar-me de tua chama.

MA B 3 v.

• Julho 9

A alegria de não ter alegria

Se soubesse quanto é grande a minha alegria de não ter nenhuma alegria, para dar prazer a Jesus!... É uma alegria puríssima, mas não sentida.

C 54

10 Julho

A alegria no coração

Há almas nesta terra, enfim,
que buscam a felicidade em vão,
mas é justo o contrário para mim:
a alegria habita em meu coração.

Sim, minha alegria é amar o sofrimento:
eu sorrio, mesmo lágrimas vertendo,
pois aceito com agradecimento
os espinhos que entre rosas vou colhendo.

Minha paz é a vontade santa
de Jesus, meu único amor:
eu amo tanto a noite como o dia,
assim eu vivo sem nenhum temor.

Se for, Senhor, vosso desejo,
muito tempo quero ainda viver;
ou no Céu seguir-vos eu almejo,
se com isso vos fizer prazer.

O amor, fogo celeste e forte,
me consome sempre, sem cessar:
que me importa a vida ou a morte?
Minha felicidade é de vos amar!...

P 26

Como poderei ser feliz sem sofrer?

Se pudesse, por uns instantes, ler na minha alma, ficaria surpreso! O pensamento da felicidade celeste, não só não me causa nenhuma alegria, mas até me pergunto, às vezes, como me será possível ser feliz sem sofrer. Jesus, sem dúvida, mudará a minha natureza, de outro modo ficaria saudosa do sofrimento e do vale de lágrimas... Só o pensamento de cumprir a vontade do Senhor é o que faz toda a minha alegria.

C 229

12 Julho

Imolação cotidiana

Jesus, minha vinha sagrada,
tu o sabes, meu divino Rei,
eu sou teu *cacho de uva dourada*
e por ti desaparecerei.

Sob o lagar do sofrimento,
meu amor vou te provar,
não quero outro contentamento
que o de cada dia me imolar.

P 22,7

Alegria e paz

Minha paz está, no meu pranto,
em escondê-lo de minhas irmãs.
Oh! Como a dor tem encantos,
quando se disfarça sob flores louçãs!
Eu quero sofrer sem dizê-lo,
para Jesus ser consolado,
minha alegria é vê-lo sorrir,
estando meu coração exilado.

Minha paz é lutar sem descanso,
para gerar almas para os céus,
é com ternura repetir tanto
a meu doce Jesus e meu Deus:
"Por ti, meu divino Irmãozinho,
sou feliz de sofrer e amar!
Minha única *alegria* no exílio
é de poder te alegrar".

P 26

14 Julho

Feliz por ter necessidade de Deus

Oh! Como sou feliz por ver-me imperfeita e por ter necessidade da misericórdia de Deus no momento da morte.

NV 29,1

Julho 15

Sempre a paz

A *paz*, sempre a *paz*, se encontrava no fundo do cálice...

MA A 77

16 Julho

A vida é um sonho

A vida não é mais que um sonho, logo nos despertaremos com um grito de alegria...

C 59

• Julho 17

O meu céu é sorrir

Que me importa, Senhor,
se é sombrio o futuro!
Suplicar-te por amanhã, oh!
Eu me sinto impotente...
Cobre-me com tua sombra,
conserva meu coração puro,
por hoje somente!

P 3

Meu céu é sorrir a esse Deus que eu adoro,
quando ele quer se esconder para provar-me a fé;
enfim, sorrir, esperando que ele ainda me olhe,
eis o Céu para mim!

P 19

18 Julho

Uma menina audaciosa que considera como próprios os tesouros de Deus

Sempre achava um meio de *tocar* em tudo. Desta forma, pudemos venerar na igreja da Santa Cruz de Jerusalém (em Roma) várias partículas da verdadeira Cruz, dois espinhos, e um dos sagrados cravos, contido em magnífico relicário, lavrado em ouro, mas *sem vidro*. Com isso, quando venerava a preciosa relíquia, descobri um meio de enfiar o *dedo mínimo* num dos orifícios do relicário e consegui tocar no cravo que fora banhado no Sangue de Jesus... Fui realmente audaciosa demais!... Felizmente, o Bom Deus, que enxerga o fundo dos corações, sabe da pureza de minha intenção, e que por nada deste mundo quereria desagradar-lhe. Procedia para com ele como uma criança que julga ser-lhe permitido tudo, e considera como próprios os tesouros de seu pai.

MA A 66 v.

• Julho 19

Amáveis como criancinhas que dormem

Em vez de alegrar-me com minha aridez, deveria atribuí-la ao meu pouco fervor e fidelidade; deveria desolar-me por dormir durante as minhas orações e *ações de graças* (há sete anos). No entanto, não me desconsolo... Penso que as *criancinhas* agradam a seus pais tanto quando dormem como quando estão acordadas... Penso que "o Senhor vê nossa fragilidade e lembra-se de que não somos senão pó".[1]

MA A 75 v.

[1] Sl 102,14.

20 Julho

Então, devem perdoar-me

Não é certo "que a verdade sai da boca das criancinhas?" Pois bem, devem perdoar-me se eu disser a verdade, eu que sou e quero sempre ser uma criança...

C 157

• Julho 21

Como uma gotinha de orvalho

Uma gota de orvalho, o que há de mais simples e mais puro? Não foram as *nuvens* que a formaram, visto que o orvalho desce sobre as flores quando o céu é estrelado. Não se pode comparar à chuva, a quem supera em frescura e em beleza. O orvalho só existe de noite; logo que o sol dardeja seus raios quentes, faz destilar as encantadoras pérolas que cintilam nas extremidades das ervazinhas dos prados e o orvalho transforma-se em vapor sutil. Celina é uma gota de orvalho que não foi formada pelas nuvens, mas que desceu do lindo Céu, sua Pátria. Durante a *noite* da vida, a sua missão é a de se esconder no coração da *Flor dos campos*; nenhum olhar humano a deve descobrir aí, só o cálice que possui a minúscula gotinha conhecerá a sua frescura.

C 120

22 Julho

Como uma gotinha de orvalho

Feliz gotinha de orvalho, conhecida só de Jesus, não te detenhas a considerar o curso das correntes ruidosas que fazem a admiração das criaturas, não invejes nem o cristalino regato que serpenteia nos prados. Certamente o seu murmúrio é muito suave, mas as criaturas podem ouvi-lo, e depois, o cálice da *Flor dos campos* não o poderia conter. Não pode ser só para Jesus.

Para pertencer a ele, é preciso ser pequeno, pequeno como uma gota de orvalho! Oh! Como há poucas almas que aspiram a ficar assim pequenas. "Mas, dizem elas, o rio e o regato não são mais úteis que a gota de orvalho? Que faz ela? Não serve para nada, a não ser para refrescar por alguns instantes a *Flor dos campos que hoje existe e amanhã terá desaparecido*".[1]

C 120

---

[1] Reminiscência de Mt 6,30.

• Julho 23

Brinquedozinho sem valor

Querida irmãzinha, não me enganei e Jesus contentou-se só com os meus desejos, com o meu total abandono; ele dignou-se unir-me a ele (pelos votos) mais cedo do que eu ousava esperar... "Recordas-te, talvez, que outrora eu gostava de me chamar o *brinquedinho de Jesus*".[1] Ainda agora sinto-me feliz por sê-lo, só que penso que o Menino Jesus tinha muitas outras almas, cheias de virtudes sublimes que se diziam "seus brinquedos"; considerei, pois, que elas eram os seus *belos brinquedos* e que a minha pobre alma era apenas um *brinquedozinho sem valor*. Para consolar-me, disse para comigo mesma que muitas vezes as crianças têm mais alegria com os pequeninos brinquedos sem valor, que podem *deixar* ou *tomar*, *quebrar* ou *beijar*, segundo a sua fantasia, do que com outros mais valiosos, nos quais não ousam tocar.

C 156

[1] História de uma alma.

24 Julho

O que uma criança pede é o amor

Minha desculpa é a de ser *criança*, e as crianças não refletem sobre o pleno alcance de suas palavras. No entanto, seus pais... não hesitam em contentar os desejos dos *pequeninos* seres, aos quais amam como a si mesmos. Para lhes dar prazer, cometem loucuras e chegam até a *atitudes de fraqueza!*...

Mas não são riquezas e glória (nem sequer a glória do Céu) que o coração da criancinha ambiciona... O que pede é o amor... Não sabe outra coisa senão amar-te, ó Jesus... Obras grandes não estão a seu alcance. Não pode pregar o Evangelho, nem derramar seu sangue... Mas, pouco importa, seus irmãos trabalham em seu lugar, enquanto ela, criancinha... ama pelos irmãos que combatem...

MA B 4

• Julho 25

O que a criancinha pede é o amor

Sim, meu Bem-Amado, eis como se consumirá minha vida... Não tenho outro meio para te dar prova do meu amor, senão o de jogar flores, isto é, o de não deixar escapar nenhum sacrificiozinho, nenhum olhar, nenhuma palavra, o de servir-me das coisas mais insignificantes, fazendo-as por amor... Quero sofrer por amor e até regozijar por amor, e assim estarei lançando flores diante do teu trono. Nem encontrarei uma só que não *desfolhe* para ti...

MA B 4 v.

Irei para o céu por uma pequena via toda nova

Quero procurar um meio de ir para o Céu por uma viazinha bem reta, bem curta, uma pequena via toda nova... Desejei encontrar um ascensor para me elevar até Jesus, pois sou muito pequena para subir a rude escada da perfeição.

Fui procurar, então, nos Livros Sagrados... E li estas palavras pronunciadas pela Sabedoria eterna: "Se alguém é *pequenino*, venha a mim".[1] Aproximei-me, pois, adivinhando que eu descobrira o que procurava. Querendo saber, ó meu Deus, o que faríeis com o "*pequenino*" que correspondesse ao vosso apelo, continuei minhas pesquisas e eis o que encontrei: "Como uma mãe acaricia o filhinho, assim eu vos consolarei, e vos acalentarei em meu regaço!"[2]

MA C 3

[1] Pr 9,4.
[2] Is 66,13-12.

• Julho 27

Senhor, sou muito pequena

Quando me foi dado penetrar no santuário das almas,[1] logo reconheci que a tarefa transcendia minhas forças. Lancei-me então como uma criancinha nos braços do Bom Deus, e, escondendo o rosto entre seus cabelos, disse-lhe: "Senhor, sou muito pequenina para nutrir vossas filhas. Se por meu intermédio quiserdes dar-lhes o que convém a cada uma, enchei minha mãozinha, e eu, sem largar vossos braços, sem volver a cabeça, distribuirei vossos tesouros à alma que me vier pedir alimento..."

Senti que a única coisa necessária era unir-me sempre mais intimamente a Jesus, "o resto me seria dado por acréscimo".[2] Com efeito, minha esperança nunca se iludiu.

MA C 22

---

[1] Teresa ocupou-se das noviças desde fevereiro de 1893 até sua morte.
[2] Mt 6,33.

28 Julho

Estaremos no livro da vida

O martírio mais *doloroso*, mais *amoroso* é o nosso, porque só Jesus o vê. Ele nunca será revelado às criaturas da terra, mas quando o Cordeiro abrir o livro da vida, que espanto para a corte celeste ao ouvir proclamar, com os dos mártires e dos missionários, os nomes das pobres criancinhas que nunca fizeram ações estrepitosas.

C 195

• Julho 29

Prefiro não crescer, sentindo-me incapaz de ganhar a vida eterna do Céu

É reconhecer o próprio nada, esperar tudo de Deus misericordioso, como uma criancinha espera tudo de seu pai; é não inquietar-se com nada, não ganhar riquezas.

Mesmo os pobres dão à criança o que lhe é necessário, mas assim que cresce seu pai não quer mais mantê-la e lhe diz: "Trabalha agora, tu podes bastar a ti mesmo". É para não ouvir isso que prefiro não crescer, sentindo-me incapaz de ganhar minha vida, a vida eterna do Céu. Fiquei, portanto, sempre pequenina, não tendo outra ocupação senão a de colher flores, as flores do amor e do sacrifício, e de oferecê-las ao bom Deus, para o seu prazer.

NV 6 agosto

30 Julho

As crianças caem muitas vezes, mas são muito pequenas para se machucarem

Ser pequeno é não atribuir a si as virtudes que pratica, achando-se capaz de alguma coisa, mas reconhecer que o bom Deus coloca esse tesouro na mão de seu filhinho, para que se sirva dele quando tiver necessidade; mas é sempre o tesouro do bom Deus. Enfim, é não desanimar nas próprias faltas, pois as crianças caem muitas vezes, mas são pequenas demais para se machucarem muito.

NV 6 agosto

• Julho 31

A oitenta anos morreria pequena como hoje

Quanto aos pequenos, serão julgados com extrema doçura. E pode-se bem ficar pequeno, mesmo nos cargos mais temíveis, mesmo vivendo muito tempo. Se eu morresse aos 80 anos, se tivesse ido para a China, por toda parte, eu morreria, bem o sinto, tão pequena quanto hoje. E está escrito que "no fim, o Senhor se erguerá para salvar todos os mansos e os humildes da terra".[1] Não diz para *julgar*, mas para *salvar*.

NV 25 setembro

---

[1] Sl 75,10.

Agosto

MARIA

em ti o Senhor se tornou meu irmão

· Agosto 1

O poder da mamãe divina

Lembra-te que tua Mãe divina
tem poder maravilhoso sobre teu Coração,
lembra-te que mudaste a água em delicioso vinho,

certo dia, ao poder de sua oração.
Digna-te também transformar minhas pobres obras...
à voz de Maria, ó Deus! Torna-as fervorosas.

Que eu sou sua filha,
meu Jesus, amiúde
lembra-te!

P 14,13

2 Agosto

A mais carinhosa das mães

A Santíssima Virgem dá-me provas de que não está descontente comigo. Nunca deixou de proteger-me no mesmo instante que a invoquei. Quando me sobrevém uma inquietação, um contratempo, bem depressa me volto para ela, e, como a mais carinhosa das mães, sempre toma a seu encargo os meus interesses.

MA C 27

• Agosto 3

O sorriso de Nossa Senhora

A Santíssima Virgem me pareceu *bela, tão bela*, como nunca tinha visto nada tão formoso. O rosto irradiava inefável bondade e ternura, mas o que me calou no fundo da alma foi "*empolgante sorriso da Santíssima Virgem*". Então, desvaneceram-se todos os meus sofrimentos, duas grossas lágrimas saltaram-me dos olhos, deslizando silenciosas sobre as faces. Eram lágrimas de uma alegria sem inquietação... Ah! Pensei, a Santíssima Virgem sorriu-me, como sou feliz! Mas não o direi a ninguém, porque então *desapareceria minha felicidade*.

MA A 30

4 Agosto

Lançar-me em seus braços como uma criancinha

À tarde (da Primeira Comunhão), fui eu quem recitou o ato de consagração à Santíssima Virgem. Era muito justo que, em nome de minhas companheiras, falasse à minha Mãe do Céu, eu que tão cedo me vira privada de minha Mãe da terra... De todo o coração me pus a *falar-lhe*, a consagrar-me a ela, como filha que se lança nos braços da Mãe, e lhe pede que olhe por ela. Parece-me que a Santíssima Virgem terá olhado para sua florzinha e ter-lhe-á *sorrido*, pois não foi ela quem a curara com um *sorriso visível?*... Não foi ela que no cálice de sua florzinha depositara o seu Jesus, a Flor dos campos, o Lírio do vale?[1]

MA A 35 v.

[1] Ct 2,1

• Agosto 5

Posso chamá-la simplesmente mamãe

Oh! O que senti a seus pés (de Nossa Senhora das Vitórias), não poderei exprimir... As graças que me concedeu emocionaram-me tão profundamente que só minhas lágrimas traduziram a minha felicidade, como no dia da minha Primeira Comunhão... A Santíssima Virgem fez-me sentir que era *verdadeiramente ela que sorrira para mim e quem me curara*. Compreendi que velava por mim, e que eu era sua filha e por isso já não podia dar-lhe outro nome a não ser o de *"Mamãe"*, que me parecia mais afetuoso do que o de *Mãe*... Com que fervor não lhe supliquei que me tomasse para sempre sob sua guarda e logo fizesse de meu sonho uma realidade, escondendo-me à *sombra de seu manto virginal!*... Oh! Nisso consistia um dos meus primeiros desejos de criança...

MA A 56 v. e 57

6 Agosto

Quando a recitação do terço é um suplício...

Quando estou sozinha (tenho vergonha de confessá-lo), a recitação do terço custa-me muito mais do que a aplicação de um instrumento de penitência... Sinto que o rezo tão mal! Por mais que queira meditar os mistérios do rosário, não consigo concentrar o espírito... Andei muito tempo desolada com essa falta de devoção que me causava espanto. Pois *amo tanto a Santíssima Virgem* que deveria ter facilidade em recitar, em sua honra, orações que lhe são agradáveis. Agora, aflijo-me menos. Penso que, sendo *minha mãe*, a Rainha dos Céus verá minha boa vontade, e com ela se contentará.

MA C 25 v.

• Agosto 7

Possuímos Jesus e Nossa Senhora também nos pertence

A propósito da Virgem Santíssima, tenho de confiar-te uma das minhas simplicidades com ela: às vezes surpreendo-me a dizer-lhe: "Mas minha boa Nossa Senhora, acho que sou mais feliz do que vós, porque vos tenho por Mãe, e vós não tendes uma *Santíssima Virgem para amar...* Verdade é que sois Mãe de Jesus, mas esse Jesus vós me destes todo inteiro... e ele, na Cruz, deu-vos a nós por Mãe, somos assim mais ricos do que vós, visto que nós possuímos Jesus e vós sois nossa também! Vós sois a Mãe de Jesus e ao mesmo tempo a minha Mãe!"

Sem dúvida, Nossa Senhora deve rir-se de minha ingenuidade, mas o que lhe digo é bem verdade!

C 116

Se eu fosse Maria...

Ó Maria, se eu fosse a Rainha do Céu e vós fôsseis Teresa, desejaria ser Teresa para que vós fôsseis a Rainha do Céu.

C 238

• Agosto 9

Sou a tua filha

Gostaria, ó Mãe, de cantar porque te amo! Porque teu coração tão doce meu coração faz vibrar! E porque o pensamento de tua grandeza suprema não pode o temor à minha alma inspirar. Se eu te contemplasse em tua glória que brilha, dos Bem-aventurados ultrapassando o esplendor, eu não poderia crer-me tua filha; perante ti, meus olhos abaixaria com temor...

Compreendo que tua alma, ó Virgem imaculada, seja mais cara a Deus que o divino esplendor; eu compreendo que tua alma, vale humilde e ilibada, contenha meu Jesus, Oceano de amor!

Maria, tu o sabes, malgrado minha pequenez possuo, como tu, o Onipotente. Não temo, porém, vendo minha fraqueza; o tesouro da Mãe pertence à filha, igualmente.

P 34

10 Agosto

Ó Rainha dos eleitos, enfeita o meu viver

Quando vejo o Eterno envolto em paninhos, quando do Verbo divino ouço os débeis vagidos... Maria, nesse instante invejarei os anjinhos? Seu Senhor adorável é meu Irmão querido!... Oh! Eu te bendigo, tu que em plagas peregrinas fizeste desabrochar esta Flor divina...

Virgem cheia de graça, eu bem sei que em Nazaré viveste pobremente, sem nada mais querer, nem êxtase, nem milagres, nem arroubos, mas pura fé; ó Rainha dos eleitos, enfeita o meu viver!

O número dos pequenos é grande sobre a terra, e eles podem, sem temor, a ti volver os olhos seus, pela via comum, ó incomparável Mãe, apraz--te caminhar guiando-os para os Céus.

P 34

Agosto 11

Sou a tua filha

Logo ouvirei aquela doce harmonia,
logo irei te ver na minha Pátria linda,
tu que me sorriste na manhã da vida;
eis a tarde, ó Mãe, vem sorrir-me ainda!

Não temo mais o esplendor de tua glória que brilha;
contigo eu sofri... e agora eu quero
cantar em teu regaço, Virgem, porque te amo...
e repetir p'ra sempre que sou, enfim, tua filha!

P 34

12 Agosto

Escrevo por obediência

Minha Madre muito amada, o que vos escrevo não tem conexão. Minha historinha, parecida com um conto de fadas, converteu-se de repente em oração. Não sei qual interesse poderíeis ter na leitura de todos estes pensamentos confusos e mal redigidos. Afinal, minha Madre, não escrevo para compor obra literária, mas por obediência. Se vos aborreço, vereis pelo menos que vossa filha deu prova de boa vontade.

MA C 6

• Agosto 13

Escrúpulos e obediência

No ano de minha admissão como filha da Santíssima Virgem, ela arrebatou-me, minha querida Maria,[1] único apoio de minha alma... Era Maria quem me guiava, consolava, ajudava a praticar a virtude. Sem dúvida, Paulina já ficara muito antes dentro do meu coração, mas Paulina estava longe, bem longe de mim!... Sofrera um martírio para habituar-me a viver sem ela, mas, afinal, acabei aceitando a triste realidade. Paulina estava perdida para mim, quase mesmo como se tivesse morrido. Sempre me queria bem, rezava por mim, mas aos meus olhos *minha* querida *Paulina* se tornara uma santa, que já não poderia compreender as coisas da terra; e as misérias de sua pobre Teresa, se as conhecesse, tê-la-iam assombrado e impedido de amar-me tanto...

MA A 41 e 41 v.

---

[1] Maria entrou para o Carmelo de Lisieux em 15 de outubro de 1886, tomando o nome de Ir. Maria do Sagrado Coração.

14 Agosto

Uma bússola infalível

Ó minha Madre, de quantas inquietações nos livramos fazendo o voto de obediência! Como são felizes as simples religiosas! Já que a vontade dos superiores constitui sua única bússola, estão sempre seguras de se encontrarem no caminho reto. Não precisam recear que se enganem, embora lhes pareça evidente algum engano, por parte dos superiores. Quando, porém, a gente deixa de olhar para a bússola infalível, desviando-se da trajetória que manda seguir, com o pretexto de fazer a vontade de Deus, a qual não esclarece bem os que, aliás, fazem suas vezes, bem logo a alma se desnorteia por caminhos áridos, onde não tarda a faltar-lhe a água da graça.

MA C 11

• Agosto 15

O doce mais apreciado

Toda criança, vós sabeis,
prefere um doce
à glória de um império.
Um doce delicioso oferecei
àquele que do Céu é Rei
e vereis o seu sorriso.

Sabeis, do Rei querido,
qual é o doce preferido?
É vossa pronta obediência.
Vosso Esposo encantareis
quando vós obedeceis como ele,
em sua infância.

P 15,28

16 Agosto

Repetir as vitórias eternamente

Ó Deus vencedor! Eu não quero outras glórias senão a de submeter em tudo minha vontade; pois que "*o obediente repetirá suas vitórias*", por toda eternidade!

P 30,8

Eu quero obedecer

O anjo orgulhoso, no seio da luz
bradou: "Eu não obedecerei!..."
Eu exclamo na noite da terra, Jesus:
eu quero obedecer, meu Rei.

Eu sinto em mim uma santa audácia,
de todo inferno enfrento o furacão.
A *Obediência* é minha forte *couraça*
e o *escudo* do meu coração.

P 30,7

18 Agosto

Ver o céu

Eu amava, na primavera da vida,
São José e a Virgem Maria.
Já minha alma se lançava embevecida
quando, refletindo em meus olhos, eu via os céus!

P 10,3

Agosto 19

Não temas

Não temas amar *muito* à Santíssima Virgem, *nunca* a amarás bastante, e Jesus ficará contente, visto que a Santíssima Virgem é a sua Mãe.

C 71

20 Agosto

Ninguém está sem pecados

É certo que nenhuma vida humana está isenta de pecados, só a Virgem Imaculada se apresenta absolutamente pura diante da Majestade Divina. Que alegria pensar que esta Virgem é nossa Mãe! Se ela nos ama e conhece nossa fraqueza, que temos nós a temer? São muitas frases para exprimir o meu pensamento, ou antes, para não chegar a fazê-lo. Simplesmente queria dizer que me parece que todos os missionários são *mártires* pelo desejo e pela vontade, e que, por conseguinte, nenhum deveria ir para o Purgatório. Se permanecem nas suas almas, no momento de comparecerem diante de Deus, alguns restos da fraqueza humana, a Virgem Santíssima obtém-lhes a graça de fazerem um ato de amor perfeito, e depois dá-lhes a palma e a coroa que eles tão bem mereceram.

C 203

• Agosto 21

Rainha do Carmelo

Maria, doce Rainha do Carmelo, confio-vos a alma do futuro sacerdote, do qual sou indigna irmãzinha!

Dignai-vos ensinar-lhe desde agora aquele amor com que vós tomáveis o divino Menino Jesus e o envolvíeis em faixinhas, para que um dia possa subir ao santo altar e trazer em suas mãos o Rei dos céus.

Peço-vos ainda guardá-lo à sombra do vosso manto virginal, até o dia feliz em que, deixando este vale de lágrimas, possa contemplar o vosso esplendor e gozar por toda a eternidade dos frutos do seu glorioso apostolado.

O 11

22 Agosto

No cume do Calvário

Tu nos amas, Maria, como Jesus nos ama,
e consentes, por nós, dele se afastar.
Amar é dar tudo e dar-se a si mesma:
tu quiseste prová-lo e nosso apoio ficar.
O Salvador conhecia tua imensa ternura,
sabia os segredos de teu coração maternal...
Refúgio dos pecadores, é a ti que ele nos deixa,
quando abandona a cruz pela Pátria eternal!
Tu me apareces, Maria, no cume do Calvário,
como um sacerdote no altar: de pé junto à Cruz,
oferecendo, para a justiça do Pai aplacar,
o doce Emanuel, o bem-amado Jesus.
Um profeta o disse, ó Mãe desolada:
"Não há dor semelhante à tua acerba dor".
Ó Rainha dos mártires, ficando exilada,
tu esgotas por nós o sangue do teu amor!

P 34,22-23

Agosto 23

Junto a ti

Tu me fazes sentir que não é impossível,
ó Rainha dos eleitos, sobre teus passos caminhar;
a via estreita do céu, tu a tornas visível,
as mais humildes virtudes sempre a praticar.

Junto a ti, Maria, gosto de ser pequena,
das grandezas da terra vejo a vaidade.
Recebendo tua visita em casa de Isabel,
aprendo a praticar a ardente caridade.

P 34,6

24 Agosto

A sorte mais feliz

Se à angústia interior, à noite mais escura
sujeitar sua Mãe o Rei celeste quis,
não é porque sofrer na terra é uma ventura?
Oh! Sim, sofrer amando é a sorte mais feliz!...

Tudo o que me deu, Jesus pode tomar,
espero que comigo nunca se incomodará;
Ele pode se esconder, consinto em esperar
até o dia sem ocaso em que minha fé se extinguirá.

P 34,16

• Agosto 25

Sem cerimônias

Peço muitas vezes à Santíssima Virgem dizer ao Senhor que não faça cerimônias comigo. É ela que faz bem as minhas comissões! Pois bem, não compreendo mais nada da minha doença, e estou melhor! Mas eu me abandono e sou feliz assim mesmo. O que seria de mim se nutrisse a esperança de morrer logo? Que decepção! Mas não tenho nenhuma, porque estou contente com tudo o que o Bom Deus faz, e desejo só a sua vontade.

NV 10 junho

26 Agosto

Um caminho estreito

Falou-me ainda da Santíssima Virgem, dizendo que tudo o que ouvira pregar sobre ela não a comovera.

"Que os sacerdotes nos mostrem, pois, virtudes praticáveis! É bom falar de suas prerrogativas, mas é preciso que possa ser imitada. Ela prefere a imitação à admiração, e sua vida foi tão simples! Por belo que seja um sermão sobre a Santíssima Virgem, se a gente fica obrigada a fazer todo o tempo: Ah!... Ah!... é o quanto basta!

Como gosto de cantar! O estreito caminho do Céu, tu o formaste fácil, praticando sempre as virtudes mais humildes".

NV 23 agosto

• Agosto 27

Abranger o mundo

Então, perguntei-vos se a obediência dobraria meus merecimentos. Respondestes-me que sim, e falastes-me de várias outras coisas, que me levaram a reconhecer a necessidade, para mim, de aceitar sem escrúpulo um novo irmão.

A rigor, minha Madre, pensava como vós, pois o "*zelo de uma carmelita deve abranger o mundo*". Espero, com a graça de Deus, ser útil a mais de dois missionários, e não poderia esquecer de rezar por todos eles, sem deixar de lado os simples sacerdotes, cuja missão é algumas vezes tão árdua de cumprir. Afinal, quero ser filha da Igreja, como o era nossa Santa Madre Teresa, e rezar pelas intenções de nosso Santo Padre o Papa.

MA C 33 v.

28 Agosto

A nossa alegria

Querida Irmãzinha, tu vês a parte que tomo na tua alegria, sei que é muito grande, mas também não lhe faltam sacrifícios para acompanhá-la. Sem eles a vida religiosa seria meritória? Não, certamente! São, pelo contrário, as pequenas cruzes que fazem toda a nossa alegria; são mais frequentes do que as grandes e preparam o coração para receber estas, quando for a vontade do Mestre.

C 126

• Agosto 29

Uma finíssima delicadeza

Sim, a pena mais amarga é a de não ser compreendida... Mas essa pena não será nunca a de Celina e de Teresa, jamais, porque os seus olhares veem mais alto que a terra. Elas elevam-se acima das criaturas; quanto mais Jesus se esconde, mais sentem que Jesus está perto delas. Na sua *finíssima delicadeza,* ele caminha na frente, tirando as pedras do caminho, afastando as serpentes. Isso não é nada ainda, ele faz ressoar aos nossos ouvidos vozes amigas, essas vozes nos advertem que não caminhemos com excessiva segurança...[1] E por quê? Não foi o próprio Jesus que traçou o nosso caminho? Não é ele que nos ilumina e se revela às nossas almas?... Tudo nos leva para ele: as flores que crescem à beira do caminho não seduzem os nossos corações; vemo-las, amamo-las porque elas nos falam de Jesus, do seu amor.

C 128

---

[1] Teresa quer precaver sua irmã contra as seduções do mundo.

30 Agosto

Um carvalho novo

Na vida religiosa, a alma, assim como o carvalho novo, encontra-se apertada de todos os lados pela sua regra, todos os seus movimentos são contrariados pelas árvores da floresta... Mas ela tem *luz* quando olha para o Céu; só aí pode repousar a sua vista, nunca deste lado deve temer subir demais...

C 130

• Agosto 31

Ver tudo preto

É uma grande provação ver *tudo preto*, mas isso não depende de si completamente; faça aquilo que puder. Desapegue o seu coração dos cuidados da terra e sobretudo das criaturas, depois fique certa de que Jesus fará o *resto*. Ele não permitirá que caia no *atoleiro* temido. Console-se, querida irmãzinha, no céu já não verá *tudo negro*, mas *tudo branco*... Sim, tudo será revestido da *brancura* divina do nosso Esposo, o Lírio dos vales. Juntas segui-lo-emos, por toda a parte por onde ele for... Ah! Aproveitemos o *curto instante* da vida... *Juntas* demos prazer a Jesus, salvemos-lhe almas pelos nossos sacrifícios... Sobretudo, *sejamos tão pequeninas que toda gente nos possa calcar aos pés,*[1] sem mesmo darmos a impressão de o sentir e de sofrer com isso...

C 152

---

[1] *Imitação de Cristo*, III, 13,3.

Setembro

ORAÇÃO
o coração que se expande

• Setembro 1

A alavanca para erguer o mundo

Não foi na oração que os santos Paulo, Agostinho, João da Cruz, Tomás de Aquino, Francisco, Domingos e tantos outros ilustres amigos de Deus hauriram a ciência divina, que arrebata os maiores gênios? Disse um sábio: *"Dai-me uma alavanca, um ponto de apoio, que levantarei o mundo de seus eixos"*. O que Arquimedes não pôde conseguir, porque a solicitação não se dirigia a Deus e se colocava num ponto de vista material, obtiveram-no os santos em toda a sua plenitude. Como *ponto* de apoio deu-lhes o Todo-poderoso a *si mesmo e só a si mesmo*; como *alavanca*: a oração, que incandesce com o fogo do amor; e foi dessa maneira que *soergueram o mundo*. Assim é que os santos ainda militantes o soerguem e os santos vindouros o soerguerão, e até o fim do mundo.

MA C 36 v.

2 Setembro

Um olhar lançado para o céu

Como é grande o poder da *oração*! Dir-se-ia uma rainha que a cada instante tem livre acesso ao Rei, e pode alcançar tudo quanto pede. Para ser atendida, não precisa ler do livro um bonito formulário, redigido de circunstância. Se assim fosse, ai de mim! Como teria de lastimar-me!... Excetuado o *Ofício Divino*, que *sou muito indigna* de recitar, não tenho ânimo de me sujeitar a procurar nos livros *belas orações*. Isso me cansa a cabeça, pois são tantas!... E cada uma mais *bonita* do que a outra... Não poderia recitá--las todas, e, não sabendo qual delas escolher, faço como crianças que não sabem ler. Digo muito simplesmente ao Bom Deus o que lhe quero dizer, sem usar belas frases, e ele sempre me entende...

MA C 25

• Setembro 3

Um olhar lançado para o céu

Para mim a *oração* é um impulso do coração, é um simples olhar que se lança para o Céu; é um grito de gratidão e de amor, tanto no meio da provação, como no meio da alegria; enfim, é algo de grande, de sobrenatural, que me dilata a alma e me une a Jesus.

MA C 25

4 Setembro

A minha força

Ah! É a oração e o sacrifício que constituem toda a minha força. São as armas invencíveis que Jesus me deu. Muito mais do que as palavras, podem sensibilizar as almas, e disso tive experiência muitas vezes.

MA C 24 v.

Às vezes, basta o silêncio

Muitas vezes, só o silêncio é capaz de exprimir a minha oração, o Hóspede divino do tabernáculo compreende tudo: mesmo o silêncio de um coração de filha está cheio de gratidão!...

C 117

6 Setembro

Sobre as asas da oração

Aqui a alma simples e pura
encontra o objeto do seu amor,
que a tímida pomba procura
vencer do abutre o temor.
Como a ligeira cotovia,
que voa alto cantando de alegria,
vê-se subir o ardente coração
sobre as asas da oração.
Aqui se ouve o chilrear prazenteiro
do feliz pintassilgo, do rouxinolzinho.
Ó Menino Jesus, em teu viveiro,
teu Nome gorjeiam os passarinhos.

P 24,3

Setembro 7

Lembrando a súplica de Eliseu

Lembrando-me da súplica de Eliseu a seu pai Elias, quando se animou a pedir-lhe *seu espírito em dobro*,[1] apresentei-me diante dos anjos e santos, e falei-lhes: "Sou a menor das criaturas, conheço minha miséria e fraqueza, mas sei também quanto os corações nobres e generosos gostam de fazer o bem. Suplico-vos, pois, bem-aventurados moradores do Céu, *adotai-me como filha. Para vós, unicamente*, será a glória que me fizerdes adquirir. Dignai-vos, porém, atender minha súplica, que é temerária, bem o sei, mas ainda assim ouso pedir que me obtenhais *vosso duplo amor*".

MA B 4

---

[1] 2Rs 2,9.

8 Setembro

Peço por tua messe

Lembra-te que nos campos a safra olhando,
teu divino Coração previa a colheita;
e para a santa Montanha
os olhos levantando,
murmuravas o nome dos teus eleitos.

A fim de que a messe seja logo ceifada,
eu rezo e me imolo, ó meu Deus, cada dia.
É por teus ceifadores que me sinto animada
a oferecer meu pranto e minha alegria,
lembra-te!

P 14,15

Setembro 9

Gosto muito da oração comunitária

Não desejaria, minha Madre muito amada, que julgásseis que eu recito sem devoção as orações feitas em comum no coro ou nos eremitérios. Pelo contrário, gosto muito das orações em comum, pois Jesus prometeu *estar no meio dos que se reúnem em seu nome*.[1] Percebo, então, que o fervor de minhas irmãs supre o meu.

---

[1] Mt 18.20.

10 Setembro

Também um concertozinho pode se tornar uma oferta de oração

Durante muito tempo, na oração da tarde, meu lugar ficava na frente de uma irmã, que tinha uma mania estranha, e, penso eu... muitas iluminações, pois raramente utilizava o livro. Eis como me vinha a coisa. Logo que chegava, a irmã punha-se a fazer um estranho ruído semelhante ao que se faz esfregando duas conchas uma contra a outra. Só eu percebia isso, pois tenho o ouvido extremamente apurado (algumas vezes um pouco demais). Dizer-vos, minha Madre, o quanto esse barulhinho me aborrecia é coisa impossível. Tinha vontade de voltar a cabeça e olhar a culpada que, certamente, não percebia seu tique. Seria o único meio de adverti-la. No fundo do coração, porém, percebia ser preferível suportá-lo por amor de Deus e para não magoar a irmã.

MA C 30

• Setembro 11

"Não sou perfeito, mas quero sê-lo"

Oh! Paulina, quero ser sempre um grãozinho de areia... Como a tua carta me fez bem! Se tu soubesses como ela chegou até o fundo do meu coração! Queria dizer muitas coisas a propósito do grãozinho de areia, mas não tenho tempo... *Quero ser santa.*

Li no outro dia palavras que me agradam muito, não me lembro mais o santo que as disse. Eram estas: "Não sou perfeito, mas quero sê-lo".

C 24

12 Setembro

Duas espécies de santos

Como são diferentes os caminhos pelos quais o Senhor leva as almas! Vemos, na vida dos santos, como muitos houve que não quiseram deixar nada de si mesmos depois da morte, nem sequer a mínima lembrança, o mínimo escrito. Outros houve, pelo contrário, como nossa Madre Santa Teresa, que enriqueceram a Igreja com suas sublimes revelações, sem receio de revelar os segredos do Rei,[1] a fim de que ele seja mais conhecido, mais amado pelas almas. Qual das duas categorias de santos agrada mais ao Bom Deus? Parece-me que lhe agradam por igual, porque todos seguiram a noção do Espírito Santo, e o Senhor declarou: "*Dizei ao justo que TUDO lhe sairá bem*".[2] Sim, tudo sai bem quando só procuramos a vontade de Jesus. É a razão pela qual eu, pobre florzinha, obedeço a Jesus.

MA C 2v.

---

[1] Tb 12,7.
[2] Is 3,10.

• Setembro 13

A santidade não consiste em dizer palavras bonitas

A santidade não consiste em dizer coisas bonitas, nem em pensá-las ou em senti-las. Está inteiramente na vontade de sofrer.

C 65

14 Setembro

Tornar-se uma grande santa

Pensava que nascera para a *glória*, e como procurasse um meio de alcançá-la, o Bom Deus inspirou-me... Fez-me compreender que *minha* glória não apareceria aos olhos dos mortais, mas consistiria em tornar-me grande *santa!!!*

Esse desejo poderia parecer temeridade, tomando-se em consideração quanto era fraca e imperfeita, e quanto ainda o sou, depois de passar sete anos no Carmelo. Entretanto, sinto sempre a mesma audaciosa confiança de tornar-me grande santa, pois não conto com os meus méritos, por não ter *nenhum*, mas espero naquele que é a Virtude, a própria Santidade. Só ele é que, cingindo-se aos meus débeis esforços, me elevará a si próprio e, cobrindo-me com seus méritos infinitos, fará de mim uma *santa*.

MA A 32

Setembro 15

As mais santas são as mais amadas

Notei (e é muito natural) que as irmãs mais santas são as mais amadas. Procura-se a sua convivência. Prestam-se-lhes favores, sem serem pedidos. Capazes de suportar faltas de atenção e indelicadezas, são afinal cercadas da afeição de todas. Pode-se aplicar a elas a palavra de nosso Pai São João da Cruz: *"Foram-me dados todos os bens quando deixei de procurá-los por amor próprio"*.[1]

MA C 28

---

[1] Sentença que consta na configuração simbólica do Monte da Perfeição, desenhado por São João da Cruz.

16 Setembro

Santidade é viver de amor

Na noite do amor, falando sem parábolas,
dizia Jesus: *"Se alguém quiser me amar,*
guarde fielmente minha palavra.
Meu Pai e eu o viremos visitar.
E em seu coração nossa morada desça,
será nosso palácio de vivo esplendor,
cheio de paz, queremos que ele cresça no nosso amor".

Viver de amor é guardar a ti mesmo,
Verbo encarnado! Palavra de meu Deus!
Ah! Tu o sabes, divino Jesus, eu te amo!
O Espírito de amor me abrasa no fogo seu.
É te amando que o Pai posso atrair,
meu fraco coração o guarda sempre com valor.
Ó Trindade! Vós sois prisioneira de meu amor!

P 9,1.2

Setembro 17

Viver de amor é viver a vida de Deus

Viver de amor é viver tua vida,
Rei glorioso, delícia dos eleitos!
Tu por mim vives na hóstia escondida...
Eu quero por ti ocultar-me, ó Jesus!
Os que se amam procuram a sós estar,
coração a coração, noite e dia em seu ardor,
minha felicidade está no teu olhar,
eu vivo de amor!

Viver de amor não é neste exílio
fixar sua tenda no cimo do Tabor,
é com Jesus subir para o martírio
e olhar sua cruz como um tesouro de valor!
No Céu, então, que todo bem encerra,
eu viverei, passada toda dor,
mas no sofrimento eu quero nesta terra
viver de amor!

P 9,3.4

18 Setembro

Viver de amor é saber doar-se

Viver de amor é dar, sem medida,
sem, na terra, salário reclamar.
Ah! Sem contar eu dou, pois, convencida
de que quem ama não sabe calcular,
ao divino Coração, transbordante de fineza,
eu tudo dei, e leve, corro com ardor...
Não tenho mais que minha única riqueza:
Viver de amor!

Viver de amor é banir todo temor,
toda lembrança das faltas do passado.
De meus pecados, vestígio algum eu vejo;
no fogo divino, um a um foi apagado.
Chama sagrada, ó dulcíssima fornalha,
minha morada eu fixo em teu ardor;
Jesus, é aí que eu canto com alegria:
eu vivo de amor!

P 9,5.6

• Setembro 19

Viver de amor é semear a paz

Viver de amor é conservar em si mesma
um grande tesouro, num vaso mortal.
Ó meu Bem-amado, minha fraqueza é extrema!
Estou longe de ser um anjo celestial,
mas se eu caio a cada hora que passa,
erguendo-me, abraçando-me com ardor,
tu vens a mim e me dás tua graça.
Eu vivo de amor!

Viver de amor é, sem descanso, navegar
semeando nos corações alegria e paz.
Piloto amado, a caridade me impele sem cessar.
Pois eu te vejo nas almas, minhas irmãs.
A caridade, eis a minha estrela;
eu vogo retamente da sua luz ao esplendor.
Tenho minha divisa escrita em minha vela:
"Viver de amor!"

P 9,7.8

20 Setembro

Viver de amor é saber esperar

Quando Jesus dorme, viver de amor
é repousar sobre ondas tempestuosas.
Oh! Não temas que te desperte, Senhor,
opero em paz, do céu, as praias venturosas...
A Fé rasgará seu véu em breve,
e minha Esperança de um dia vou depor,
a Caridade enche e impele minha vela.
Eu vivo de amor!

Viver de amor, ó meu divino Mestre,
é suplicar que dardejes os ardores teus
na alma eleita e santa de teu padre,
que ele seja puro como um serafim dos céus!
Por tua Igreja imortal, ó Senhor, velas;
rogo-te a cada instante com fervor
eu, sua filha, imolo-me por ela,
vivo de amor!

P 9,8.9

· Setembro 21

Santidade é morrer de amor

"Viver de amor, que estranha loucura!"
Diz-me o mundo: "Ah! Cessa de cantar;
não percas teus perfumes e procura
utilmente tua vida empregar!"
– Amar-te, Jesus, que perda fecunda!
Todos os meus perfumes em ti quero depor.
Quero cantar saindo deste mundo:
Eu morro de amor!

Morrer de amor, eis minha esperança!
Quando verei meus laços se partir?
Meu Deus será minha grande recompensa.
Não quero outros bens possuir.
De seu amor estou inflamada,
que ele venha, enfim, arrebatar-me em seu ardor,
eis o meu céu, a ele estou destinada:
Viver de amor!...

P 9,12.13.14

22 Setembro

Dia da profissão

Passou o belo dia da profissão (oito de setembro) à semelhança dos mais tristes, pois que aos mais radiosos sobrevém um amanhã. Não obstante, foi sem tristeza que depus minha grinalda aos pés da Santíssima Virgem. Sentia que o tempo não me arrebataria a felicidade... Como é bela a festa da Natividade de *Maria* para tornar-se esposa de Jesus! Era a Santíssima Virgem *pequenina* de um dia, que apresentava sua *florzinha* ao Jesusinho... Nesse dia, tudo era pequeno, exceto as graças e a paz que recebi, exceto a *tranquila* alegria que senti à noite, quando contemplava as estrelas que brilhavam no firmamento, enquanto imaginava que *em breve* o formoso Céu se abriria aos meus olhos extasiados, e poderia unir-me ao meu Esposo na amplidão de uma alegria eterna...

MA A 77

• Setembro 23

Tenho sede

Naquela *noite de luz* (Pentecostes), começou o terceiro período de minha vida, o mais belo de todos, o mais repleto de graças do Céu...

Senti a caridade penetrar no meu coração, a necessidade de esquecer-me de mim mesma, para dar prazer aos outros, e desde então fui feliz!...

No coração me repercutia também, continuamente, o brado de Jesus na Cruz: "Tenho sede!"[1] Essas palavras acendiam em mim um ardor desconhecido e muito vivo... Queria dar de beber ao meu Bem-amado e sentia-me também devorada pela *sede das almas*... Não eram ainda as almas de sacerdotes que me empolgavam, mas as de *grandes pecadores*. Ardia no desejo de desviá-los das chamas eternas...

MA A 45 v.

---

[1] Jo 19,28.

24 Setembro

Fui atendida

Minha oração foi atendida ao pé da letra! Não obstante a determinação de Papai que não lêssemos nenhum jornal, julguei não estar desobedecendo, quando lia os tópicos que se referiam a Pranzini. No dia imediato à execução, tomo em mãos o jornal *La Croix*. Abro-o pressurosa, e que vejo?... Oh! Minhas lágrimas traíram minha emoção, foi preciso recatar-me... Não tendo confessado, Pranzini subiu ao patíbulo e preparava-se para colocar sua cabeça no lúgubre buraco, quando, levado por súbita inspiração, se volta e agarra o *Crucifixo* que o sacerdote lhe apresentava, *beijando três vezes as Sagradas Chagas!*... Sua alma foi então receber a *misericordiosa* sentença Daquele que declara haver no Céu mais alegria por causa de um só pecador que faz penitência, do que por noventa e nove justos que não precisam de conversão!...[1]

[1] Lc 15,7.

• Setembro 25

Os sacerdotes são o sal da terra

A segunda experiência que fiz diz respeito aos sacerdotes. Não tendo jamais vivido em sua intimidade, não podia compreender o fim principal da reforma do Carmelo. Rezar pelos pecadores encantava-me, mas rezar pelas almas dos padres, que eu cria mais puras que o cristal, parecia-me estranho!...

Convivi, durante um mês, com muitos santos sacerdotes, e vi que se sua sublime dignidade os eleva acima dos anjos, não deixam de ser homens fracos e frágeis... Se *santos sacerdotes* que Jesus chama em seu Evangelho "*o sal da terra*" mostram, por seu procedimento, que têm extrema necessidade de orações, o que dizer dos tíbios? Não foi Jesus que disse ainda: "Se o sal perder sua força, com que recuperará o sabor?"[1]

MA A 56

---

[1] Mt 5,13.

26 Setembro

A vocação do Carmelo

Como é linda a vocação que tem por finalidade *conservar o sal* destinado às almas! Tal é a vocação do Carmelo, dado que o único fim de nossas orações e sacrifícios é o de sermos *apóstolas dos apóstolos*, orando por eles, enquanto evangelizam as almas com suas palavras e, principalmente, com seus exemplos. Força é que me detenha. Se continuasse a discorrer sobre o assunto, seria para mim um nunca acabar!...

MA A 56

• Setembro 27

O último lugar

É só relancear os olhos pelo Evangelho, e logo respiro os perfumes da vida de Jesus, e sei para que lado correr... Não é para o primeiro lugar, é para o último que me dirijo. Em vez de postar-me na frente como o fariseu, repito, cheia de confiança, a humilde súplica do publicano. Sobretudo, porém, imito o procedimento de Madalena, sua admirável, ou antes, sua amorosa audácia, que encanta o Coração de Jesus, e seduz o meu. Sim, percebo que, se me pesassem na consciência todos os pecados possíveis de cometer, iria, com o coração partido de arrependimento, lançar-me aos braços de Jesus, pois sei quanto ama o filho pródigo que a ele retorna. Não é por ter Deus, em sua *previdente misericórdia*, preservado minha alma do pecado mortal, que me elevo até ele pela confiança e pelo amor.

MA C 36 v.

28 Setembro

Escolho tudo

Compreendi que, para se tornar santa, era preciso sofrer muito, ir sempre atrás do mais perfeito e esquecer-se de si mesma. Compreendi que na perfeição havia muitos graus e que cada alma era livre de responder às solicitações de Nosso Senhor, em fazer muito ou pouco por ele, numa palavra, em *escolher* entre os sacrifícios que exige. Então, como nos dias de minha primeira infância, exclamei: "Meu Deus, *escolho tudo*. Não quero ser *santa pela metade*. Não tenho medo de sofrer por vós, a única coisa que me dá receio é ficar com a minha *vontade*. Orientai-a para vós, pois *escolho tudo* o que vós quiserdes!..."

MA A 10

• Setembro 29

O meu céu

Meu céu é atrair sobre a Igreja bendita,
sobre a França culpada e sobre cada pecador,
a graça da qual jorra esse belo rio de vida
cuja fonte encontro, Jesus, no teu Amor.

Tudo posso obter quando, no santuário,
falo coração a coração com meu Rei; enfim,
esta doce oração, ao pé do teu sacrário,
eis o Céu para mim!

P 19,2

30 Setembro

O meu coração é grande demais

Não encontro na terra nada que me faça feliz, o meu coração é grande demais, nada do que se chama felicidade neste mundo o pode satisfazer. O meu pensamento voa para a eternidade, o tempo está prestes a acabar. O meu coração está sossegado como um lago tranquilo ou um Céu sereno; não sinto saudades da vida neste mundo; o meu coração tem sede das águas da vida eterna... Ainda um pouco e a minha alma deixa esta terra, terminará o meu exílio, acabará o combate... Eu subo para o Céu!... Aproximo-me da Pátria, alcanço a vitória!... Vou entrar na morada dos eleitos, ver belezas que os olhos dos homens nunca viram, ouvir harmonias que o ouvido nunca ouviu, gozar alegrias que o coração nunca provou. Eis-me chegada a esta hora que cada uma de nós tanto desejou!

C 219

Outubro

ESPERANÇA
inebriar-se de Céu

Outubro 1

O teu amor é a minha esperança

Atraída por tua transparência,
a mariposa para ti se lança,
assim teu amor é minha esperança,
é nele que eu quero voar,
queimar...

P 10,50

2 Outubro

É melhor esperar em Deus do que nos seus santos

Uma outra vez estava ao lado dele (Mons. Révérony) no ônibus. Foi mais amável ainda, e prometeu-me *fazer tudo o que pudesse pela minha entrada no Carmelo*. Embora colocando um pouco de bálsamo em minhas machucaduras, os pequenos entendimentos não impediram que a volta fosse bem menos agradável do que a viagem de ida, porque eu já não contava com a esperança "do Santo Padre". Não encontrava nenhuma ajuda na terra, que me parecia um deserto árido e sem água.[1] Toda a minha esperança estava unicamente no Bom Deus... Acabava de fazer experiência de que é melhor recorrer a ele do que a seus santos.

MA A 66

---

[1] Sl 62,2.

• Outubro 3

Minha alma se imerge no infinito

Sentia que era maior vantagem falar com Deus do que falar de Deus, pois em conversas espirituais intromete-se muito amor próprio!...

Oh, era bem única e exclusivamente pela Santíssima Virgem que me apresentava na Abadia... Por vezes, sentia-me sozinha, muito sozinha, como nos dias de minha vida de semi-interna, quando triste e doente passeava no grande pátio; repetia as palavras que sempre fizeram renascer paz e alento no meu coração: "A vida é tua embarcação, não tua morada!". Quando ainda pequenina, essas palavras me restituíam a coragem. Ainda agora, apesar dos anos que apagam tantas impressões da piedade infantil, a imagem da embarcação enleva minha alma, ajudando-me a suportar o exílio...

MA A 41

4 Outubro

As minhas esperanças atingem o infinito

Ó meu Bem-Amado! Esta graça foi apenas o prelúdio das graças maiores que querias conceder-me. Permite-me, meu único Amor, que as avive novamente em tua lembrança, hoje... Hoje, sexto aniversário de nossa *união*...[1] Ah! Perdoa-me, Jesus, se me excedo em querer frisar meus desejos, minhas esperanças, que vão às raias do infinito. Perdoa-me, e cura minha alma, dando-lhe o que ela espera!...

MA B 2 v.

---

[1] Teresa tinha professado no dia 8 de setembro de 1890.

• Outubro 5

A minha esperança

Estou ainda na praia estrangeira, mas pressentindo a felicidade eterna. Oh! Quereria deixar logo esta terra e contemplar as maravilhas do céu. Quando sonho com a vida imortal, não sinto mais o peso de meu exílio. Logo, ó meu Deus, *voarei para minha única pátria, pela primeira vez!*

Oh! Dai-me, Jesus, brancas asas para que eu voe para junto de ti. Quero voar para as praias eternas, quero te ver, ó meu divino Tesouro! Quero voar nos braços de Maria, repousar nesse trono magnífico, e receber de minha Mãe querida *o doce beijo pela primeira vez!*

P 20

6 Outubro

A minha esperança

Meu Bem-Amado, faz-me logo entrever a doçura de teu primeiro sorriso. Ah! Deixa-me, em meu ardente delírio, sim, deixa-me esconder-me em teu Coração. Feliz instante!... Ó felicidade inefável! Quando ouvir a tua doce voz!... Quando vir a tua Face adorável, *o divino esplendor pela primeira vez!*

Tu bem sabes, meu único martírio é teu amor, Coração Sagrado de Jesus! Se minha alma suspira pelo teu belo céu, é para te amar, amar-te cada vez mais! Amar-te-ei sem medida e sem lei, e minha felicidade me parecerá sem cessar *tão nova como da primeira vez...*

P 20

Outubro 7
Espero na tua misericórdia

Teu Coração que conserva e restitui a inocência, não frustrará a minha confiança. No céu, após o exílio, irei ver-te, Senhor, em ti está a minha esperança.

Quando em meu coração se desencadeia a tempestade, para ti, Jesus, ergo a cabeça e em teu olhar misericordioso eu leio: "Filha... por ti eu fiz os céus!".

P 23,4

8 Outubro

No escondimento preparei a minha veste nupcial

Então disse de mim para comigo: "Para a tomada de hábito vestiram-me com um belo vestido branco guarnecido de rendas e flores, quem pensou em dar-me um para as minhas núpcias? Este vestido sou eu que devo prepará-lo *sozinha*, Jesus quer que ninguém me ajude, exceto ele mesmo, portanto com o seu auxílio vou pôr mãos à obra, trabalhar com ardor. As criaturas não verão meus esforços, que ficarão escondidos no meu coração. Procurando fazer *que se esqueçam de mim*, não quererei outro olhar senão o de Jesus... Que importa, se pareço pobre e desprovida de inteligência e de talentos?...

C 156

· Outubro 9

No escondimento preparei a minha veste nupcial

Quero pôr em prática este conselho da *Imitação*: "Glorie-se este de uma coisa, e aquele de outra, quanto a ti não ponhas a tua alegria senão no desprezo de ti mesmo, na minha vontade e na minha glória",[1] ou então: "Queres aprender alguma coisa que te seja útil? Deseja ser ignorado e tido por nada!".[2]

C 156

---

[1] *Imitação de Cristo*, III, 49,7.
[2] *Imitação de Cristo*, I, 2,3.

10 Outubro

Saboreava o amargo alimento

Certo dia, em que desejava, de modo particular, ser humilhada, aconteceu que uma noviça[1] tão bem se encarregou de me satisfazer, que logo me acudiu a lembrança de Semei a proferir imprecações contra Davi,[2] e disse de mim para comigo: "Pois, então, certamente é o Senhor que lhe manda dizer-me todas estas coisas...". E minha alma saboreava, deliciosamente, o amargo alimento que com tanta fartura lhe era servido.

Assim se digna o Bom Deus cuidar de mim. Nem sempre pode dar-me o pão fortificante da humilhação exterior, mas de tempos em tempos me permite que me *nutra com as migalhas que caem da mesa dos filhos*.[3] Oh! Quão grande é sua misericórdia! Só no Céu poderei cantá-la.

MA C 27

---

[1] Ir. Genoveva (Celina).
[2] 2Rs 16,10.
[3] Mc 7,28.

• Outubro 11

Senhor, tu quiseste parecer ignorante

Lembra-te que na solidão trabalhavas com tuas mãos divinas, viver esquecido era tua única ambição, rejeitavas o saber humano! Ó tu, que com uma única palavra podias encantar o mundo, quiseste esconder tua sabedoria profunda...

Tu pareceste ignorante! Ó Senhor onipotente, lembra-te!

P 14,7

12 Outubro

Colocar-se no último lugar

Desejo abaixar-me humildemente e submeter minha vontade à das minhas irmãs, não contradizendo em coisa alguma e sem procurar saber se têm ou não o direito de dar-me ordens. Ninguém, ó meu Bem-Amado, tinha tal direito sobre vós, e entretanto vós obedecestes, não só à Santíssima Virgem e a São José, mas também a vossos carrascos. Mas é na Eucaristia que vos vejo levar ao extremo vosso aniquilamento...

Suplico-vos, Jesus, enviar-me uma humilhação cada vez que eu procurar elevar-me acima das outras. Bem sei, ó meu Deus, vós humilhais a alma orgulhosa, mas dais uma eternidade de glória àquela que se humilha. Quero por isso colocar-me no último lugar, condividir as vossas humilhações para "*ter parte convosco*"[1] no reino dos céus.

O 14

[1] Jo 13,8.

• Outubro 13

A oração do grãozinho de areia

Reze pelo pobre *grãozinho de areia*. Que o *grão de areia* esteja sempre no seu lugar, isto é, debaixo dos pés de todos. Que ninguém pense nele, que a sua existência seja, por assim dizer, *ignorada*... o *grão de areia* não deseja ser *humilhado*, isto é ainda glorioso demais, visto que seriam obrigados a ocupar-se dele e ele só deseja uma coisa: "*ser ESQUECIDO, tido por nada*".[1] Mas ele deseja ser visto por Jesus. Os olhares das criaturas não podem abaixar-se até ele, que ao menos a Face ensanguentada de Jesus se volte para ele... Não deseja senão um olhar, um só olhar!

Se fosse possível a um *grão de areia* consolar a Jesus, enxugar as suas lágrimas, como há um que o queria fazer...

C 84

---

[1] *Imitação de Cristo*, I, 2,3.

14 Outubro

A oração do grãozinho de areia

O *grão de areia* quer a todo custo salvar almas... Jesus tem que lhe conceder essa graça, *Veronicazinha*,[1] peça-a à *Face luminosa* de Jesus!... Sim, a Face de Jesus é luminosa, mas, se no meio das feridas e das lágrimas já é tão bela, que será então quando a virmos no Céu?...

Oh! O Céu... O Céu! Sim, para ver um dia a Face de Jesus, para contemplar eternamente a maravilhosa beleza de Jesus, o pobre *grão de areia* deseja ser desprezado na terra... *Querido Cordeiro*, peça a Jesus que o seu grão de areia se aplique a salvar muitas almas em pouco tempo para voar rapidamente para a sua Face querida...

C 84

---

[1] Denominação devida à sua devoção para com a Santa Face, da qual foi promotora na sua família.

• Outubro 15

Longe de tudo o que brilha

Onde encontrar o verdadeiro pobre de espírito? "É preciso procurá-lo muito longe", diz o salmista. Não diz que se deva procurá-lo entre as grandes almas, mas "muito longe", isto é, *muito baixo, no nada*. Ah! Fiquemos *o mais longe possível* de tudo o que brilha, amemos a pequenez, desejemos nada sentir. Então seremos pobres de espírito e Jesus virá procurar-nos, por *mais longe* que estejamos, e nos transformará em chamas de amor...

16 Outubro

Ninguém virá disputar conosco o último lugar

Não procuremos nunca o que parece grande aos olhos das criaturas. Salomão, o rei mais sábio que houve sobre a terra, considerando os diferentes trabalhos que ocupam os homens debaixo do sol: a pintura, a escultura, todas as artes, compreendeu que *todas* essas *coisas* estavam *sujeitas à inveja*, exclamou que elas não são mais do que "vaidade e aflição de espírito".[1]

A única coisa que não é *invejada* é o último lugar; só esse *último lugar* é que não é vaidade, nem aflição de espírito...

Basta humilhar-se, suportar com doçura as próprias imperfeições: eis a verdadeira santidade. Demo-nos a mão, querida irmãzinha, e corramos para o último lugar, ninguém no-lo virá disputar...

C 215

[1] Ecl 1,14.

• Outubro 17

Para encontrar uma coisa escondida, é preciso esconder-se

Jesus é um *tesouro escondido*,[1] um bem inestimável que poucas pessoas sabem encontrar, porque ele está escondido e o mundo gosta do que brilha. Ah! Se Jesus tivesse querido mostrar-se a todas as almas com os seus dons inefáveis, sem dúvida, nem uma só o teria repelido; mas ele não quer que o amemos pelos seus dons. É ele *mesmo que deve ser nossa recompensa. Para encontrar uma coisa escondida, é preciso esconder-se também*;[2] a nossa vida deve ser, pois, um mistério! É necessário parecermo-nos com Jesus, cujo *rosto estava velado*...[3]

C 124

---

[1] Mt 13,44.
[2] São João da Cruz. *Cântico Espiritual*, estrofe 1,9, Obras Completas.
[3] Is 53,3.

18 Outubro

Não há necessidade de obras aparatosas

É verdade, na leitura de certas histórias de cavalaria, nem sempre eu captava desde logo o *lado autêntico da vida*. O Bom Deus, porém, logo me fazia intuir que a verdadeira glória é a que dura eternamente, não havendo, para sua consecução, necessidade de realizar obras aparatosas, mas de esconder-se e praticar a virtude, de maneira a não saber a mão esquerda o que faz a direita...[1]

MA A 32

---

[1] Mt 6,3.

· Outubro 19

Não se preocupar com os juízos humanos

Não sinto vaidade quando sou julgada lisonjeiramente. Pois digo isto de mim para comigo: "Uma vez que tomam por imperfeições meus pequenos atos de virtude, poderão também enganar-se da mesma maneira, tomando por virtude o que não passa de imperfeição".

MA C 13

Antes se cansará ele de mim

Oh! Como ele deseja ser reduzido a nada, desconhecido de todas as criaturas, pobrezinho, não deseja mais nada senão o *esquecimento*... Não os desprezos, as injúrias, seria glorioso demais para *um grão de areia*. Se o desprezassem, teria de ser visto, mas o *esquecimento*!... Sim, desejo ser esquecida e não só das criaturas, mas também de *mim mesma*; queria tanto ficar reduzida ao nada, que não tivesse mais desejo algum...

A glória de Jesus, eis tudo! A minha, abandono-lhe e se parecer esquecer-me, pois bem, ele é livre, porque já não me pertenço a mim, mas a ele... Ele cansar-se-á mais depressa de me fazer esperar do que eu de o esperar!...

C 81

• Outubro 21

O palácio da glória

O que não será quando recebermos a Comunhão na eterna mansão do Rei dos Céus?... Veremos, então, que já não se acabará a nossa alegria, que já não haverá tristeza de separação, e que, para levar uma lembrança, não nos será preciso *picar furtivamente* as paredes santificadas pela presença divina, pois sua casa será a nossa por toda a eternidade. Ele não nos quer dar sua casa na terra. Contenta-se em no-la mostrar, para que nos faça amar a pobreza e a vida oculta. Aquela que nos reserva é seu Palácio na glória, onde já não o veremos, oculto, na aparência de uma criança ou de uma hóstia branca, mas tal qual é, na força de seu infinito resplendor!

MA A 60

22 Outubro

Um nome novo

Compreendi que a verdadeira grandeza reside na alma, não no nome, porque no dizer de Isaías: "*O Senhor dará OUTRO NOME aos seus eleitos*".[1] E São João também o diz: "*O vencedor receberá uma pedrinha branca, na qual está escrito um NOME NOVO, só conhecido por quem o recebe*".[2] Só no Céu, portanto, saberemos quais são nossos títulos de nobreza. *Então, cada qual receberá de Deus o louvor que merece.*[3] E quem na terra quis ser o mais pobre, o mais esquecido, por amor de Jesus, será o primeiro, o mais nobre e o mais rico!...

MA A 56

---

[1] Is 65,15.
[2] Ap 2,17.
[3] 1Cor 4,5.

• Outubro 23

Sede de amor

Jesus não precisa de nossas obras, mas unicamente de nosso amor, pois o mesmo Deus que declara não *ter necessidade de dizer-nos quando está com fome*, não se acanha de *mendigar* um pouco de água à Samaritana. Tinha sede... Mas, quando disse: "Dá-me de beber", era o amor de sua pobre criatura que o Criador do Universo reclamava. Tinha sede de amor... Oh! Sinto mais do que nunca: Jesus está com sede. Entre os discípulos do mundo, encontra só ingratos e indiferentes; entre *seus próprios discípulos*, infelizmente, só encontra poucos corações que a Ele se entreguem sem reserva, que compreendam toda a ternura de seu amor infinito.

MA B 1 v.

24 Outubro

Na solidão

Meu Bem-Amado, teu exemplo me convida a me abaixar para desprezar a honra; eu quero ficar pequenina para te agradar e me esquecendo encantarei teu Coração.

Minha paz está na solidão, e nada mais te peço. Agradar-te é minha única ambição, e minha felicidade és tu, Jesus!

Tu, o grande Deus que o universo adora, tu vens a mim, prisioneiro dia e noite; tua doce voz a cada instante me implora, e repetes: *"Tenho sede! Tenho sede de amor!..."*

P 18,6.7.8

A humildade do coração

Os apóstolos, sem Nosso Senhor, trabalharam toda a noite e não apanharam peixe, mas o seu trabalho era agradável a Jesus. Ele queria provar-lhes que só Ele nos pode dar alguma coisa. Queria que os apóstolos se *humilhassem*... "Moços, diz-lhes ele, não tendes nada para comer?"[1]

"Senhor, respondeu São Pedro, pescamos toda a noite sem *nada apanhar*".[2] Se ele tivesse apanhado alguns *peixinhos*, Jesus não teria talvez feito o milagre, mas não tinha *nada*, por isso Jesus depressa encheu a sua rede, de tal maneira que quase se rompia.

É isto realmente característico de Jesus: "Ele dá como Deus, mas quer a *humildade do coração*".

C 140

---

[1] Jo 21,5.
[2] Lc 5,5.

26 Outubro

Não seja triste

Irmãzinha querida, não seja *uma menina triste,* ao ver que não a compreendem, que a julgam mal, que a esquecem, mas imite a toda gente, esforçando-se por fazer como os outros, ou melhor, fazendo em relação a si o que os outros lhe fazem, isto é, esqueça tudo o que não é Jesus, *esqueça-se a si mesma* por amor dele!...

Irmãzinha querida, não diga que é difícil, se falo assim, a culpa é sua, disse-me que amava *muito* a Jesus, e nada parece impossível à alma que ama.

C 221

• Outubro 27

Desfolhar uma rosa

Jesus, quando eu te vejo, sustentado por tua Mãe,
deixar seus braços,
ensaiar tremendo em nossa triste terra também
teus primeiros passos,
diante de ti eu quereria desfolhar uma rosa
em seu frescor,
para que teu pezinho docemente repouse
sobre uma flor.

É a fiel imagem, esta rosa desfolhada,
Divino Infante,
da alma que, sem partilha, quer ser imolada
a cada instante.
Senhor, sobre teus altares, mais de uma fresca rosa
gosta de brilhar.
Ela se dá a ti, mas eu sonho outra coisa
me desfolhar...

P 31,1.2

28 Outubro

Devo morrer

A rosa, com seu brilho, torna a festa ornamentada,
Jesus, num momento!
Mas a rosa desfolhada é esquecida, é lançada
à mercê do vento...
Se desfolhando, a rosa se dá sem procura
para se perder,
a ti eu me abandono, como ela, oh! Que ventura!
Para te pertencer.

Sobre folhas de rosa, caminha-se sem lamento
e esses rebotalhos
sem arte se dispõem, como simples ornamento,
eu os espalho...
Jesus, por teu amor gastei a minha vida,
meu vir a ser;
aos olhos dos mortais, rosa para sempre emurchecida
devo morrer!

P 31, 3.4

• Outubro 29

Sou muito pequena

Sou *muito pequenina* para ter vaidade agora. Ainda sou *muito pequenina* para burilar frases bonitas, que vos façam crer em minha grande humildade. Prefiro convir, simplesmente, em que o Todo-poderoso operou grandes coisas na alma de filha de sua divina Mãe, e que a maior delas foi a de lhe ter mostrado sua *pequenez*, sua incapacidade. Querida Madre, bem o sei, o Bom Deus foi servido de fazer minha alma passar por muitas espécies de provações. Sofri muito desde que estou na terra. Entretanto, se na infância sofri com tristeza, já não é assim que sofro agora. É na alegria e na paz. Sou verdadeiramente feliz de sofrer.

MA C 4.4v.

Só o indispensável

É preciso, às vezes, pedir as coisas indispensáveis, mas, fazendo-o com humildade, não se falta ao mandamento de Jesus. Pelo contrário, procedemos como pobres que estendem a mão para receber o que lhes é necessário.

Quando não são atendidos, não se admiram, porque ninguém lhes deve coisa alguma. Oh! Que paz invade a alma, quando esta se sobrepõe aos sentimentos da natureza!... Não, não existe alegria comparável à que goza o verdadeiro pobre de espírito. Se pede com desprendimento uma coisa necessária, e não só lhe recusam a coisa, mas até procuram tomar-lhe o que possui, está a seguir o conselho de Jesus: *"A quem quiser citar-vos em juízo para vos tirar a túnica, largai-lhe também o manto..."*[1]

MA C 16 v.

---

[1] Mt 5.40.

• Outubro 31

Abandonar a túnica

Abandonar a túnica, ao que me parece, é renunciar seus últimos direitos, é considerar-se como a serva, a escrava das outras. Quando deixamos a capa, é mais fácil caminhar, correr, por isso Jesus acrescenta: "*E se alguém vos obrigar a dar mil passos, andai com ele outros dois mil*".[1] Assim, não basta dar a quem quer que mo peça.[2] Preciso ir ao encontro dos seus desejos, e se tomam alguma coisa de meu uso, não devo mostrar-me aborrecida, mas alegrar-me por ver-me livre dela. Minha Madre querida, como estou longe de praticar o que compreendo! Entretanto, só o desejo que tenho dá-me a paz.

MA C 17

[1] Mt 5,41.
[2] Lc 6,30.

Novembro

EVANGELHO
perfume da vida de Jesus

• Novembro 1

No Evangelho está tudo para a alma

Se abro um livro escrito por algum autor espiritual (ainda que seja o mais lindo, o mais edificante), sinto logo o coração fechar-se, e leio, por assim dizer, sem compreender, ou se compreendo, meu espírito se detém sem poder meditar... Nessa impossibilidade, a Sagrada Escritura e a *Imitação de Cristo* acodem em meu socorro. Nelas encontro um alimento sólido e *puro*. Mas é sobretudo o *Evangelho* que me entretém durante o tempo da oração, nele encontro tudo o que é necessário à minha pobre alminha. Descubro sempre novas luzes, sentidos ocultos e misteriosos...

MA A 83 v.

2 Novembro

Mostra-me os segredos ocultos no Evangelho

Lembra-te que eu, sendo filha da luz,[1]
ai de mim, tantas vezes negligencio meu Rei;
em teu amor, perdoa-me, Jesus.
Oh! Tem piedade de minha miséria, meu bem!
Digna-te adestrar-me nos negócios do Céu,
mostra-me os segredos ocultos no Evangelho.

Ah! Que esse livro de ouro
é meu mais caro tesouro,
lembra-te!

P 14,12

---

[1] Lc 16.8.

• Novembro 3

O Evangelho enche o meu caderno

Quando vou pegar da pena, eis que uma boa irmã passa por mim, com o ancinho aos ombros. Julga distrair-me, dando dois dedos de prosa. Feno, patos, galinhas, visita do médico, tudo vem à baila. Para falar a verdade, isso não toma muito tempo, *mas existe mais de uma boa irmã caridosa*, e senão quando uma outra, a forrageira, me põe flores sobre os joelhos, acreditando talvez inspirar-me ideias poéticas. Eu que, na ocasião, não as procurava, preferiria que as flores continuassem a balouçar em suas hastes. Afinal, cansada de abrir e fechar o famoso caderno, abro o livro (que não quer parar aberto), e declaro resoluta que estou a copiar pensamentos dos Salmos e dos Evangelhos para a festa de Nossa Madre.[1] É bem verdade, pois não economizo as citações...

MA C 17 v.

---

[1] Festejava-se Madre Maria de Gonzaga no dia 21 de junho, São Luiz de Gonzaga.

4 Novembro

Assim se vive o Evangelho

Lembrando-me que a *"caridade cobre uma multidão de pecados"*,[1] abasteço-me nessa mina fecunda que Jesus abriu diante de mim. No Evangelho, o Senhor explica em que consiste o *seu novo mandamento*. Diz em São Mateus: "Ouvistes que foi dito: *Amareis vosso amigo, e odiareis vosso inimigo*. Eu, porém, vos digo: *Amai vossos inimigos, orai pelos que vos perseguem*".[2]

MA C 15 v.

---

[1] Pr 10,12.
[2] Mt 5,43-44.

Assim se vive o Evangelho

No Carmelo, sem dúvida, não existem inimigos, mas existem afinal simpatias. Sente-se atração por uma irmã, ao passo que outra vos faria dar grandes voltas para evitar encontro com ela. Assim, até sem perceber, a mesma se torna alvo de perseguição. Ora, Jesus diz-me que, a esta irmã, é preciso amá-la, é preciso rezar por ela, ainda que seu modo de proceder me leve a supor que não me ama: "*Se amais os que vos amam, que méritos tendes? Pois os pecadores também amam aos que os amam*".[1]

MA C 15 v.

---

[1] Lc 6,32.

6 Novembro

Vestígio luminoso e perfumado de Jesus

Dado que Jesus se elevou ao Céu, só posso segui-lo pelos vestígios que deixou. Mas, como são luminosos tais vestígios, como são perfumados! É só relancear os olhos pelo Evangelho, e logo respiro os perfumes da vida de Jesus e sei para que lado correr...

MA C 36 v.

• Novembro 7

O tesouro da virgindade

Senhor, se a pureza do Anjo tu amas
desse espírito brilhante, no céu a esvoaçar,
não amas também, erguendo-se da lama,
o lírio que puro teu amor dignou-se conservar?

Se o Anjo de asas de prata dourada é feliz, meu Deus,
aparecendo perante ti branco de pureza,
desde este mundo meu trajar é semelhante ao seu,
porque tenho da virgindade a riqueza!

P 33

8 Novembro

A virgindade
é um silêncio profundo

Celina, façamos de nosso coração um canteirozinho de delícias no qual Jesus venha descansar... Não plantemos senão lírios no nosso jardim, sim, lírios, e não admitamos outras flores que outros podem cultivar... Mas os lírios só as virgens podem oferecer a Jesus.

"A virgindade é um silêncio profundo de todos os cuidados da terra", não só dos cuidados inúteis, mas de *todos os cuidados*... Para ser virgem, em nada se deve pensar a não ser no Esposo que não consente nada à sua volta que não seja virgem, "visto ter querido nascer de uma mãe virgem, ter tido um precursor virgem, um tutor virgem, um discípulo predileto virgem e, enfim, um túmulo virgem".

C 102

A virgindade
me torna irmã dos anjos

A *castidade* me torna irmã dos Anjos,
esses espíritos puros, vitoriosos a valer;
espero um dia voar em suas falanges
mas no exílio, como eles, devo combater.

Sem repouso e sem tréguas devo lutar
por meu Esposo, o Senhor das nações;
a castidade é minha espada singular
que pode Lhe conquistar os corações.

A castidade é minha arma invencível;
por ela meus inimigos abaterei,
por ela, eu me torno, ó felicidade invencível,
esposa de Jesus, meu Rei!

P 30

10 Novembro

Num coração virgem, tornam-se límpidas todas as criaturas

E a Santíssima Virgem? Ah! Celina, esconde-te bem à sombra de seu manto virginal, para que ela te *virginize!*... A pureza é tão bela e tão cândida! *Bem-aventurados os corações puros, porque eles verão a Deus.*[1]

Celina, os corações puros são muitas vezes cercados de espinhos, muitas vezes estão nas trevas, então os lírios creem ter perdido a sua brancura, pensam que os espinhos que os cercam conseguiram rasgar a sua corola! Compreendes, Celina? Os lírios no meio dos espinhos são os prediletos de Jesus, é no meio deles que ele tem as suas delícias! "Bem-aventurado aquele que foi achado digno de sofrer a tentação!"[2]

C 85

---

[1] Mt 5,8.
[2] Tg 1,12.

• Novembro 11

Tudo é puro para os puros

Pedi, ainda, a Nossa Senhora das Vitórias que desviasse de mim tudo o que poderia manchar minha pureza. Não ignorava que, numa viagem como esta para a Itália, aconteceriam muitas coisas susceptíveis de me perturbarem, mormente porque, ignorando o mal, receava descobri-lo, pois não sabia ainda por experiência que "tudo é puro para os puros",[1] e que a alma simples e reta não vê o mal em causa alguma, uma vez que o mal não existe efetivamente senão nos corações impuros, e não em objetos insensíveis...

MA A 57

[1] Tt 1,15.

12 Novembro

As mulheres amam a Deus em número superior aos homens

Não consigo ainda compreender por que razão as mulheres na Itália são tão facilmente excomungadas.[1] Era-nos dito a cada passo: "Não andeis por aqui... Não andeis por ali... senão ficareis excomungadas!"... Oh! Pobres mulheres, que desprezo para elas! Entretanto, elas amam o Bom Deus, em número muito superior aos homens: na Paixão de Nosso Senhor tiveram mais coragem do que os Apóstolos, enfrentaram as injúrias dos soldados, tiveram ânimo para enxugar a adorável Face de Jesus...

MA A 66 v.

---

[1] A visita a certos conventos devia levar os peregrinos a lugares sujeitos à clausura papal. E a visitação culpável da dita clausura importava *ipso facto*, não só na Itália, mas em toda parte, à pena de excomunhão.

• Novembro 13

Afastou-se vendo que não se achava diante de uma inimiga

Um dia em que visitávamos um convento de Carmelitas, não me contentei de acompanhar os peregrinos pelas galerias *exteriores*, penetrei no claustro *interior*... De repente, vi um bom velho carmelita a dar-me sinal, para que me retirasse. Entretanto, em lugar de ir-me embora, cheguei perto dele, mostrei com a mão os quadros do claustro, dei-lhe a entender que os achava bonitos. Pelos cabelos soltos e pela minha fisionomia juvenil,[1] achou, sem dúvida, que eu era criança. Sorriu-me bondosamente e retirou-se quando percebeu que não tinha diante de si nenhuma inimiga. Se eu tivesse podido falar-lhe em italiano, dir-lhe-ia que seria uma futura carmelita, mas não me foi possível, por causa dos construtores da torre de Babel.

MA A 66 v.

---

[1] Teresa tinha então pouco menos de quinze *anos*.

14 Novembro

A virgindade é uma flor sempre viva que pode crescer em qualquer lugar

Jamais ficaremos separados, jamais. Tu sabes, só o lírio amarelo[1] teria podido afastar-nos um pouco, digo-te isso porque estou certa de que o Lírio branco será sempre a tua parte, visto que o escolheste e ele te escolheu primeiro. Compreendes os lírios?...

Algumas vezes me perguntava a mim mesma por que razão Jesus me escolheu em primeiro lugar. Agora compreendi: tu sabes, a tua alma é um *Lírio--Perpétua*,[2] Jesus pode fazer dele tudo o que quiser. Pouco importa que ele esteja num lugar ou no outro. Será sempre: *Perpétua*.

C 32

---

[1] Símbolo com que Teresa indicava o matrimônio.
[2] Aqui, ao símbolo do *lírio* — pureza virginal — Teresa une o da *perpétua*, flor sempre-viva que não murcha nunca.

Novembro 15

Sejamos esposas de Jesus e também sua mãe e irmãs

É esta graça que Jesus nos concede: ele quer que sejamos suas esposas, e depois promete-nos ainda sermos sua mãe e suas irmãs, porque ele o diz no seu Evangelho: "Aquele que faz a vontade de meu Pai, esse é minha mãe, meu irmão e minha irmã".[1] Sim, aquele que ama Jesus é toda a sua família; esse acha neste Coração *único,* que não tem *semelhante,* tudo o que deseja: nele encontra o Céu!...

C 109

---

[1] Mt 12,50.

16 Novembro

Pôs um selo em minha face

Quando eu amo o Cristo e quando eu o toco,
meu coração torna-se mais puro e cresço na castidade,
o beijo de sua boca me deu o tesouro
da virgindade...
Ele já pôs um selo em minha face,
para que não se aproxime de mim nenhum amor;
meu coração é sustentado pela divina graça
de meu Rei e Senhor.
De seu sangue precioso sou purpurada,
creio gozar já as delícias do céu!
E posso recolher sobre sua boca sagrada
o leite e o mel.
Também nada temo, nem a espada nem a chama,
não, nada pode perturbar minha inefável paz;
e o fogo do amor que consome minha alma
não se extinguirá jamais...

P 16

• Novembro 17

A flor da farinha

Desde muito, nutria-me da "flor da farinha", contida na *Imitação de Cristo*. Era o único livro que me fazia bem, pois não tinha ainda encontrado os tesouros que se ocultam no Evangelho. Sabia, de memória, quase todos os capítulos da minha querida *Imitação de Cristo*. Esse livrinho não me deixava jamais; no verão trazia-o no bolso, no inverno dentro do regalo; isso se tornou tradicional. Em casa de titia, entretinham-se muito com ele, abriam-no ao léu e faziam-me recitar de cor o capítulo que se lhes apresentasse.

MA A 47

18 Novembro

Vocação de ser apóstolo

Oh! Apesar da minha pequenez, quisera esclarecer as almas, como os *Profetas, os Doutores*. Tenho a *vocação de ser apóstolo*... Quisera percorrer a terra, apregoar teu nome e plantar em terra de infiéis a tua gloriosa Cruz. Mas, ó meu Bem-Amado, uma única missão não me seria bastante. Quisera anunciar, ao mesmo tempo, o Evangelho pelas cinco partes do mundo até as ilhas mais remotas... Quisera ser missionária, não só por alguns anos, mas quisera sê-lo desde a criação do mundo, e sê-lo até a consumação dos séculos... Mas, acima de tudo quisera, ó meu amado Salvador, por ti quisera derramar meu sangue até a última gota...

MA B 3

• Novembro 19

Dois mil anos como vinte anos

Ó meu Deus, fostes além de minha expectativa e quero cantar as vossas misericórdias. "*Ensinastes-me desde a minha juventude. Publiquei até agora vossas maravilhas, continuarei a publicá-las até a mais avançada velhice*" (Sl 70).[1] Qual será, para mim, a idade mais avançada? Parece-me, poderia ser agora, pois que aos olhos do Senhor dois mil anos não são mais do que vinte anos... do que um só dia...[2]

MA C 3

---

[1] Sl 70,17-18.
[2] Sl 89,4.

20 Novembro

Pensamentos bonitos não bastam

Não desprezo os pensamentos profundos que nutrem a alma e a unem a Deus. Mas, desde muito compreendi que a gente não se deve apoiar neles, sem fazer a perfeição consistir em receber muitas luzes. Sem as obras, os mais belos pensamentos nada são. Na verdade, outras pessoas podem tirar muito proveito deles, dado que se humilhem e testemunhem ao Bom Deus sua gratidão por lhes haver permitido participar no festim de uma alma, a quem ele se compraz de enriquecer com suas graças. Entretanto, se a alma se enfatuar com seus *belos pensamentos*, e fizer a prece do fariseu, assemelha-se a alguém que morre de fome diante de uma mesa bem servida, enquanto todos os seus convidados aí encontram abundante nutrição e lançam, por vezes, um olhar de inveja ao possuidor de tantos bens.

MA C 19 v.

• Novembro 21

O poder de Deus

Ah! Só mesmo Deus conhece o fundo dos corações... Como as criaturas têm ideias curtas!... Quando percebem uma alma mais esclarecida do que outras, logo concluem que Jesus não as ama como a essa alma, e que não se acham em condições de serem chamadas à igual perfeição. Desde quando o Senhor *já não tem direito* de valer-se de uma de suas criaturas, para dispensar às almas que ama o alimento que lhes é necessário? No tempo do Faraó, o Senhor dispunha ainda desse *direito*, porquanto diz ao monarca nas Escrituras: "*E com este propósito te conservei: para mostrar em ti O MEU PODER, e para que meu nome seja celebrado em toda a terra*".[1] Desde que o Altíssimo proferiu estas palavras, sucederam-se séculos e séculos, e dali por diante seu modo de proceder não se alterou. Sempre se serviu de suas criaturas como instrumentos para executar sua obra nas almas.

MA C 20

[1] Ex 9,16.

22 Novembro

A águia adorada

Ó Verbo Divino, és tu a Águia adorada, a quem amo, és tu que me atrais! És tu que, lançando-te na terra do exílio, quisestes sofrer e morrer, a fim de *atrair* as almas ao centro do eterno foco da Bem-aventurada Trindade. És tu que, voltando à Luz inacessível, que doravante será a tua morada, ficas, ainda, no vale de lágrimas, oculto sob a aparência de uma branca hóstia... Águia Eterna, queres nutrir-me com tua divina substância, a mim, pobre criaturazinha que voltaria ao nada se teu divino olhar não me desse a vida a cada instante...

MA B 5 v.

As raias da loucura

Ó Jesus, permite-me, na exuberância de minha gratidão, permite-me declarar-te que *teu amor atinge as raias da loucura*... Como queres, diante de tal loucura, que meu coração não se atire ao teu encontro? Como teria limites minha confiança?... Oh! por ti, eu sei, os santos também cometeram *loucuras*. Grandes coisas fizeram porque eram *águias*...

Jesus, sou pequenina demais para fazer grandes coisas... Minha *loucura* consiste em esperar que teu Amor me aceite como vítima... Minha *loucura* está em suplicar às águias, minhas irmãs, me obtenham o favor de voar até o Sol do Amor com as *próprias asas da Águia Divina*...[1]

MA B 5v.

---

[1] Dt 32,11.

24 Novembro

Trabalhar pela glória de Deus

Ó Senhor, eis-nos prostradas perante vós: viemos implorar a graça de trabalhar por vossa glória.

As blasfêmias dos pecadores ressoaram dolorosamente em nossos ouvidos. Para consolar-vos e para reparar as injúrias que as almas remidas por vós vos fazem sofrer, ó admirável Trindade, nós queremos formar um concerto de todos os pequenos sacrifícios que faremos por vosso amor.

Durante quinze dias vos ofereceremos o canto das avezinhas do céu que não cessam de vos louvar e de censurar os homens por sua ingratidão. Oferecer-vos-emos também, ó Senhor, a melodia dos instrumentos musicais, e esperamos que a nossa alma merecerá ser uma lira harmoniosa que vós fareis vibrar, para vos consolar da indiferença de tantas almas que não pensam em vós.

O 2

• Novembro 25

Reunir diamantes

Queremos ainda, Jesus, durante oito dias, reunir diamantes e pedras preciosas que repararão os cuidados dos pobres mortais em procurar as riquezas passageiras sem pensar nas da eternidade. Ó Senhor, fazei-nos a graça de sermos mais vigilantes na procura dos sacrifícios, como o são as almas que não vos amam em correr atrás dos bens da terra.

Enfim, durante oito dias, será recolhido por vossas filhas o perfume das flores: elas pensam assim reparar todas as indelicadezas que vos fazem sofrer as almas sacerdotais e religiosas.

Ó Santíssima Trindade, concedei-nos ser fiéis e fazei-nos a graça de possuir-vos depois do exílio desta vida. Assim seja!

26 Novembro

Como Josué

Como Josué, o meu irmão combate na planície, eu sou o seu Moisés pequenino e, sem cessar, o meu coração se ergue para o Céu para alcançar a vitória. Ó meu irmão! Como o meu irmão seria digno de lástima se o próprio Jesus não sustentasse os braços do "seu Moisés"! Mas com o socorro da oração que todos os dias meu irmão dirige por mim ao "Divino Prisioneiro de amor", espero que nunca será *digno de lástima* e que, depois desta vida, durante a qual tivermos semeado juntos nas lágrimas, nos encontraremos *jubilosos, levando paveias nas mãos.*

C 178

• Novembro 27

Face adorável

Face adorável de Jesus! Já que vos dignastes escolher particularmente as nossas almas para vos dardes a elas, queremos consagrá-las a vós.

Parece-nos, Jesus, ouvir-vos sussurrar: "*Abri-me, minhas irmãs, minhas diletas esposas, porque minha Face está coberta pela geada e meus cabelos com o orvalho da noite*".[1] As nossas almas compreendem a vossa linguagem de amor; queremos enxugar-vos a doce Face e consolar-vos pelo esquecimento dos maus. A seus olhos vós sois ainda "*como que oculto... consideram-vos como um ser desprezível*".[2]

O 8

---

[1] Ct 5,2.
[2] Is 53,8.

28 Novembro

Mais bela dos lírios

Face mais bela que os lírios e as rosas da primavera, vós não sois oculto a nossos olhos! As lágrimas que velam vosso divino olhar aparecem-nos como diamantes preciosos que queremos recolher, a fim de comprar, com seu valor infinito, as almas dos nossos irmãos.

De vossos lábios adorados ouvimos o gemido amoroso. Compreendo que a sede que vos consome é uma sede de amor; nós queremos, para vos dessedentar, possuir um amor infinito!

O 8

• Novembro 29

Esposo bem-amado

Esposo Bem-Amado de nossas almas! Se possuíssemos o amor de todos os corações, esse amor seria para vós... Pois bem, dai-nos esse amor, e vinde dessedentar-vos em vossas esposinhas!

Almas, Senhor, temos necessidade de almas! Especialmente almas de apóstolos e de mártires, a fim de que, por meio delas, possamos abrasar de amor por vós a multidão dos pobres pecadores.

Ó Face adorável, nós saberemos obter essa graça!

O 8

30 Novembro

O nosso céu

Esquecendo nosso exílio, *às margens dos rios da Babilônia*, cantaremos aos vossos ouvidos as mais doces melodias. Porque vós sois a verdadeira, a única pátria de nossas almas, *nossos cânticos não serão cantados numa terra estrangeira*.

Face amada de Jesus! Esperando o dia eterno em que contemplaremos vossa glória infinita, nosso único desejo é ser agradáveis a vossos olhos divinos, escondendo também as nossas faces, a fim de que ninguém nos possa reconhecer. O vosso olhar velado: eis o nosso céu, ó Jesus!

O 8

Dezembro

VOCAÇÃO
uma só missão não é suficiente

• Dezembro 1

Quisera ser...

Ser tua esposa, Jesus, ser carmelita, ser mãe das almas pela união contigo, deveria ser bastante para mim... Mas não é assim... Sem dúvida, estes três privilégios: carmelita, esposa e mãe, são a minha vocação. Contudo, sinto em mim outras vocações. Sinto em mim a vocação de guerreiro, de sacerdote, de apóstolo, de doutor e de mártir. Sinto, afinal, a necessidade, o desejo de realizar por ti, Jesus, todas as obras, as mais heroicas... Sinto na alma o arrojo de *Cruzado*, de *Zuavo Pontifício*. Quisera morrer no campo de batalha pela defesa da Igreja...

Sinto a vocação de sacerdote. Com que amor, ó meu Jesus, não te carregaria nas mãos, quando à minha voz descesses do Céu... Com que amor dar-te-ia às almas. Mas, que fazer? Com todo o desejo de ser sacerdote, admiro e invejo a humildade de São Francisco de Assis, e sinto a vocação de imitá-lo, quando recusou a sublime dignidade do sacerdócio...

MA B 2 v.

2 Dezembro

Até a última gota

Oh! Apesar de minha pequenez, quisera esclarecer as almas, como os *Profetas*, os *Doutores*. Tenho vocação de ser Apóstola... Quisera percorrer a terra, apregoar teu nome, e plantar em terra de infiéis tua gloriosa Cruz. Mas, ó meu Bem-Amado, uma única missão não me seria bastante. Quisera anunciar, ao mesmo tempo, o Evangelho pelas cinco partes do mundo até as ilhas mais remotas... Quisera ser missionária não só por alguns anos, mas quisera sê-lo desde a criação do mundo, e sê-lo até a consumação dos séculos... Mas, acima de tudo, quisera, ó meu amado Salvador, por ti quisera derramar meu sangue até a última gota... Mas também aqui sinto que meu sonho é loucura, pois não conseguiria limitar-me a desejar *um* só gênero de martírio... Para me satisfazer, precisaria de todos eles...

MA B.3

Dezembro 3

A nossa vocação
é ser apóstolas dos apóstolos

Como é linda a vocação que tem por finalidade *conservar o sal* destinado às almas! Tal é a vocação do Carmelo, dado que o único fim de nossas orações e sacrifícios é o de sermos *apóstolas dos apóstolos*, orando por eles, enquanto evangelizam as almas com suas palavras e, principalmente, com seus exemplos. Força é que me detenha. Se continuasse a discorrer sobre o assunto, seria para mim um nunca acabar!...

MA A 56

4 Dezembro

Nós somos como Moisés em oração sobre a montanha

A nossa vocação não é ir ceifar nos campos de trigo já maduros; Jesus não nos diz: "*Levantai os olhos, vede os campos e ide ceifá-los*"; a nossa missão é ainda mais sublime. Eis aqui as palavras de Jesus: "*Levantai os olhos e vede...*" Vede como no Céu há lugares vazios; cabe a vós enchê-los... Vós sois os meus Moisés a orar na montanha: pedi-me operários e enviá-los-ei, só espero uma oração, um suspiro do vosso coração!

C 114

· Dezembro 5

Nós somos como Moisés em oração sobre a montanha

O apostolado da oração não é, por assim dizer, mais elevado que o da palavra? A nossa missão, como Carmelita, é formar operários evangélicos que salvarão milhões de almas, das quais nós seremos as mães...

Celina, se não fossem as próprias palavras de Jesus, quem ousaria crer nisso?... Acho que a nossa parte é muito bela!... Que temos nós a invejar aos sacerdotes?

C 114

6 Dezembro

Sou tua irmã

Foi nossa Santa Madre Teresa que em 1895 me enviou, como ramalhete de festa, meu primeiro irmãozinho.[1] Estava na lavanderia muito ocupada com o meu serviço, quando Madre Inês de Jesus leu-me uma carta que acabava de receber. Era um jovem seminarista, o qual vinha pedir uma irmã que se dedicasse de modo especial à salvação de sua alma, e o ajudasse com orações e sacrifícios, quando fosse missionário, para lhe ser possível salvar muitas almas. Disse-me Madre Inês de Jesus ser sua vontade que eu fosse a irmã do futuro missionário.

MA C 31 v.

---

[1] Trata-se de Maurício Bartolomeu Bellière, então seminarista da Diocese de Bayeux e aspirante missionário. No dia 29 de setembro de 1897, véspera da morte de Teresa, embarcou para a Argélia, onde devia entrar para o Noviciado dos Padres Brancos. Depois de alguns anos de missão na África, atingido pela doença do sono, voltou para a França e morreu em 14 de julho de 1907, com 33 anos de idade.

Dezembro 7

Missionária pelo amor

Sinto-me muito indigna de estar associada especialmente a um dos missionários do nosso adorável Jesus, mas já que a obediência me confia esta doce missão, estou segura de que o meu celeste Esposo suprirá os meus poucos méritos (sobre os quais não me apoio de modo algum) e atenderá os desejos da minha alma, fecundando o seu apostolado. Serei verdadeiramente feliz por trabalhar com ele na salvação das almas, foi com esse fim que me fiz carmelita; não podendo ser missionária pela ação, quis sê-lo pelo amor e pela penitência, como Santa Teresa, minha seráfica mãe.

C 168

8 Dezembro

Unida na obediência

Sem dúvida, é pela oração e pelo sacrifício que se pode ajudar os missionários, mas, por vezes, quando Jesus se compraz em unir duas almas para o louvor de sua glória, permite que elas, de tempos em tempos, possam comunicar entre si seus próprios pensamentos e iniciar-se a um amor maior a Deus. Mas, para tanto se requer uma *vontade expressa* da autoridade. Pois, a mim me parece que, de outra maneira, tal correspondência faria mais mal do que bem, quando não ao missionário, pelo menos à carmelita, cujo gênero de vida a induz a um contínuo voltar-se sobre si mesma. Então, em vez de uni-la ao Bom Deus, tal correspondência (ainda que espaçada) por ela solicitada lhe distrairia o espírito. Imaginando mover mundos e fundos, não faria outra coisa do que proporcionar-se, sob aparência de zelo, uma distração inútil.

MA C 32

• Dezembro 9

Tomo os remédios para os missionários

Estou convicta da inutilidade dos remédios para me curar: mas combinei com o Bom Deus para que ele os faça aproveitar aos pobres missionários doentes, que não têm nem tempo, nem meios de se tratar. Eu lhe peço que os cure em meu lugar, pelos remédios e pelo repouso que me obrigam tomar.

NV 21-28 maio

10 Dezembro

Todos os missionários são mártires

Queria dizer, simplesmente, que me parece que todos os missionários são *mártires* pelo desejo e pela vontade, e que, por conseguinte, nenhum deveria ir para o Purgatório. Se permanecem na sua alma, no momento de comparecerem diante de Deus, alguns resquícios da fraqueza humana, a Virgem Santíssima obtém-lhes a graça de fazerem um ato de amor perfeito e depois dá-lhes a palma e a coroa que eles tão bem mereceram.

C 203

Dezembro 11

O paraíso do missionário e da carmelita

"Quando achardes doce a tribulação e a amardes, por amor de Jesus Cristo, tereis encontrado o paraíso na terra".[1] Este paraíso é realmente o do missionário e o da carmelita; a alegria que os mundanos buscam no meio dos prazeres não é mais do que uma sombra fugitiva, mas a nossa alegria, procurada e saboreada nos trabalhos e nos sofrimentos, é de fato uma dulcíssima realidade, um antegozo da felicidade do céu.

C 191

---

[1] *Imitação de Cristo*, II, 12,11.

12 Dezembro

A felicidade que me espera no céu

Não posso pensar muito na felicidade que me espera no céu. Uma só expectativa me faz bater apressado o coração: é o amor que receberei e o que quererei dar. Penso em todo o bem que desejarei fazer depois da morte; fazer batizar as criancinhas, ajudar os sacerdotes, os missionários, toda a Igreja.

NV 12 julho

• Dezembro 13

Os segredos do rei

Querida Irmã, como somos felizes por compreender os íntimos segredos de nosso Esposo. Oh! Se quisésseis lançar por escrito tudo o que sabeis a respeito, belas páginas teríamos para ler. Sei, contudo, que preferis guardar os *"segredos do rei"*, enquanto a mim dizeis *"ser louvável publicar as obras do Altíssimo"*.[1] Acho que tendes razão de guardar silêncio, e só com o único fim de vos obsequiar escrevo estas linhas, pois sinto impossibilidade de formular em linguagem da terra os arcanos do Céu. Além do mais, depois de escrever páginas e páginas, teria a impressão de não ter ainda começado... Há tantos horizontes diferentes, há tantos matizes em escala infinita, que só a paleta do celestial Pintor poderá, após a noite desta vida, fornecer-me cores adequadas para pintar as maravilhas que se descortinam aos olhos de minha alma.

MA B 1 v.

[1] Tb 12,7.

14 Dezembro

Uma gota de orvalho

O que há de mais simples e de mais puro do que uma gota de orvalho? Não foram as *nuvens* que a formaram, visto que, quando o firmamento está estrelado, o orvalho desce sobre as flores. Não se pode comparar à chuva, a quem supera em frescura e beleza. O orvalho só existe de noite; logo que o sol dardeja os raios quentes, faz destilar as encantadoras pérolas que cintilam nas extremidades das ervazinhas dos prados e o orvalho transforma-se em sutil vapor. Celina é uma gota de orvalho que não foi formada pelas nuvens, mas que desceu do lindo céu, sua Pátria. Durante a *noite* da vida, a sua missão é a de se esconder no coração da *Flor dos Campos*; nenhum olhar humano a deve descobrir aí, só o cálice que possui a minúscula gotinha conhecerá o seu frescor.

C 120

• Dezembro 15

É preciso ser pequeno

Feliz gotinha de orvalho, apenas conhecida de Jesus, não te detenhas a considerar o curso das correntes ruidosas que fazem a admiração das criaturas, não invejes nem mesmo o cristalino regato que serpenteia nos prados. Certamente o seu murmúrio é muito suave, mas as criaturas podem ouvi-lo, e depois, o cálice da *Flor dos Campos* não o poderia conter. Não pode ser só para Jesus. Para ser dele, é preciso ser pequeno, pequeno como uma gota de orvalho! Oh! Como há poucas almas que aspiram a ficar assim pequenas! "Mas, dizem elas, rio e o regato não são mais úteis que a gota de orvalho? Que faz ela? Não serve para nada, senão para refrescar por alguns instantes a *Flor dos Campos, que hoje existe e amanhã terá desaparecido*".[1]

C 120

---

[1] Reminiscência de Mt 6,30.

16 Dezembro

O lírio do vale

O nosso Amado não tem necessidade de belos pensamentos, não tem os seus anjos, as suas legiões de espíritos celestes cuja ciência ultrapassa infinitamente a dos maiores gênios da nossa triste terra?

Não foi, pois, o espírito e os talentos que Jesus veio procurar na terra. Ele não se fez Flor dos Campos senão com o fim de nos mostrar o quanto ama a simplicidade. O *Lírio do Vale* não aspira senão por uma gotinha de orvalho... E foi por isso que ele criou uma que se chama Celina!... Durante a noite da vida, ela deverá permanecer escondida a todo olhar humano, mas quando as *sombras* começarem a *declinar*,[1] quando a *Flor dos Campos* se tornar o *Sol de Justiça*,[2] esquecer-se-á da sua gotinha de orvalho?... Oh, não!

C 120

[1] Ct 4,6.
[2] Mc 3,20.

Dezembro 17

No seio do Sol

Jesus bem sabe que, na terra, é difícil conservar-se puro, por isso quer que as suas gotas de orvalho se ignorem a si mesmas; compraz-se em contemplá-las, mas só ele as vê, e quanto a elas, não conhecendo o seu valor, consideram-se abaixo das outras criaturas... Eis o que deseja o *Lírio dos vales*. A gotinha de orvalho, Celina, compreendeu... Eis o fim para o qual Jesus a criou, mas ela não deve esquecer sua pobre irmãzinha, é preciso que lhe consiga que ela realize o que Jesus lhe fez compreender, para que um dia, o mesmo raio de amor destile as duas gotinhas de orvalho e juntas possam, depois de não terem feito mais que uma na terra, permanecer unidas por toda a eternidade no seio do Sol divino.

C 120

18 Dezembro

O nosso ganha-pão

Oh! Não deixemos nada... Nada no nosso coração senão Jesus!... Não pensemos em amar sem sofrer, sem sofrer muito. Aí está sempre a nossa *pobre natureza* e não é à toa! É a nossa riqueza, o nosso ganha-pão! Ela é tão preciosa que Jesus veio à terra expressamente para a possuir. Soframos com amargura, quer dizer, sem coragem!... "Jesus sofreu com *tristeza*; mas sem tristeza haveria verdadeiro sofrimento para a alma?"[1] Nós quereríamos sofrer fortemente, heroicamente... Celina!... que ilusão!...

C 65

---

[1] Expressão referida pelo amigo de S. Francisco de Sales, J. P. Camus, no seu livro *O Espírito de S. Francisco de Sales*, citado pelo padre Pichon no retiro pregado ao Carmelo de Lisieux em outubro de 1887, 2º prática, 7º dia. A santa teve em mãos as anotações desse retiro.

• Dezembro 19

O encontro com Cristo

Nós pretendemos não cair nunca? – Que importa, meu Jesus, se caio a cada instante, por aí *eu vejo* a minha fraqueza e é isso para mim um grande ganho. Por aí *vós vedes* o que posso fazer e sereis mais estimulado a levar-me nos braços... Se o não fazeis, é porque vos agrada ver-me caída *por terra*... Então, não vou me inquietar, mas estenderei sempre para vós os braços suplicantes e cheios de amor! Não posso crer que me abandoneis!... "Os santos, justamente quando estavam aos pés do Senhor, encontravam a cruz!"[1]

C 65

---

[1] Citação do Pe. Pichon, S.J.

20 Dezembro

Saber dizer não

No Carmelo, nem sempre é possível praticar ao pé da letra as palavras do Evangelho. Por causa de encargos, a gente obriga-se algumas vezes a recusar um favor. Quando, porém, lançou raízes profundas na alma, a caridade manifesta-se exteriormente. Há um modo tão gracioso de recusar o que não se pode conceder, que a recusa agrada tanto quanto a própria concessão. Verdade é que a gente sente menos constrangimento em pedir um obséquio a uma irmã sempre disposta a atender. Jesus, entretanto, declarou: "A quem quiser de vós um empréstimo, não lhe deis as costas".[1] Assim, sob pretexto de sermos obrigados a recusar, não devemos esquivar-nos das irmãs que têm o costume de pedir favores.

MA C 18

[1] Mt 5,42.

• Dezembro 21

Emprestar sem juros

Não se deve ser prestativa a fim de fazer uma bela figura, ou com a esperança de que outra vez a irmã favorecida vos preste serviço, pois Nosso Senhor disse ainda: *"Se emprestais àqueles de quem esperais receber alguma coisa, que recompensa mereceis? Pois os pecadores também emprestam a pecadores, para receberem outro tanto. Vós, porém, praticai o bem. EMPRESTAI SEM NADA ESPERAR EM TROCA, e grande será vossa recompensa"*.[1]

Oh! Sim! Grande é a recompensa mesmo aqui na terra... Nesse caminho, o que custa é só o primeiro passo. *Emprestar* sem nada *esperar em troca*, parece duro à natureza. A gente gostaria mais de *dar*, porque a coisa dada já não nos pertence mais.

MA C 18

---

[1] Lc 6,34-35.

22 Dezembro

Doar o nosso tempo

Quando alguém vem vos dizer, com ar convicto: "Minha irmã, preciso de vossa ajuda por algumas horas. Mas não se preocupe, tenho licença de nossa Madre, e vos restituirei o tempo que me derdes, pois sei quanto estais sobrecarregada". Realmente, sabendo-se muito bem que o tempo *emprestado* jamais será devolvido, a gente preferiria responder: "Eu vo-lo dou". Contentar-se-ia o amor próprio, porque dar é ato mais generoso do que emprestar, e depois se daria a entender à irmã que a gente não conta com os seus serviços... Oh! Como os ensinamentos de Jesus são contrários aos sentimentos da natureza! Sem o socorro de sua graça, seria impossível não só pô-los em prática, mas até compreendê-los.

MA C 18 v.

• Dezembro 23

Em caminho para a pátria

Ao entardecer, à hora que o sol parece banhar-se na imensidão das ondas, deixando atrás de si um *sulco luminoso*, ia sentar-me sozinha com Paulina no rochedo... Então acudia-me à lembrança a comovente história do "*Sulco de ouro!*". Fiquei a contemplar longamente a esteira luminosa, imagem da graça a clarear a rota do barquinho de graciosa vela branca... Junto a Paulina, tomei a resolução de nunca distanciar minha alma dos olhos de Jesus, a fim de que navegue tranquila em direção da Pátria dos Céus!...

MA A 22

24 Dezembro

Nasci para a glória

Lendo a narração dos feitos patrióticos de heroínas francesas, mormente da Venerável Joana d'Arc, sentia grande desejo de imitá-las. Parecia verificar em mim o mesmo ardor, de que estavam animadas, a mesma inspiração celestial. Recebi, então, uma graça que sempre tomei como uma das maiores de minha vida, pois nessa idade não recebia, como agora, as luzes em que estou imersa. Cuidava que nascera para a *glória*, e como procurasse um meio de alcançá-la, o Bom Deus inspirou-me os sentimentos que acabo de descrever. Fez-me compreender que minha glória não apareceria aos olhos dos mortais, que consistiria em me tornar uma grande *Santa!!!*...

MA A 32

• Dezembro 25

Serei uma grande santa

O Senhor fez-me compreender que a *minha glória* não apareceria aos olhos dos mortais, mas consistiria em tornar-me grande *Santa!!!*... Poderia tal desejo parecer temeridade, tomando-se em consideração quanto era fraca e imperfeita, e quanto ainda o sou, depois de passar sete anos no Carmelo. No entanto, sinto sempre a mesma audaciosa confiança de tornar-me grande Santa, pois não conto com meus méritos, por não ter *nenhum*, mas espero Naquele que é a Virtude, a própria Santidade. Só ele é que, contentando-se com meus débeis esforços, me elevará a Si próprio, e, cobrindo-me com seus méritos infinitos, fará de mim uma grande *Santa*. Não calculava, então, que seria preciso sofrer muito para chegar à santidade. O Bom Deus não tardou em mo demonstrar...

MA A 32

26 Dezembro

O amor não se perde

Como se pode afirmar que é maior perfeição apartar-se alguém dos seus?... Já se levou a mal alguma vez que irmãos combatam no mesmo campo de batalha, que juntos acorram para alcançar a palma do martírio?... Sem dúvida formou-se a justa opinião de que se animariam uns aos outros, como também que o martírio de cada um seria o martírio de todos. Assim, também, acontece na vida religiosa, a que os teólogos chamam de martírio. Quando o coração se dá a Deus, não perde sua ternura natural, pelo contrário, esta ternura cresce, tornando-se mais pura e mais divina.

MA A 9

• Dezembro 27

Eu te invejo

Eu te invejo, *patena* sagrada...
Sobre ti, Jesus vem repousar!
Oh! Como sua grandeza infinita
até mim digna-se abaixar...
Jesus, cumulando minha esperança,
não espera a tarde do exílio.
Ele vem a mim!... Por sua presença,
como um vivo *ostensório, eu brilho*.
Desejaria o *cálice* ser
onde adoro o Sangue divino!
Mas posso cada dia o recolher
no Sacrifício matutino.
Minha alma é mais querida de Jesus
que os vasos de ouro valoroso.
O altar é uma nova cruz,
onde por mim corre seu Sangue precioso.

P 22,5-6

28 Dezembro

Não perco tempo

Tenho sempre necessidade de ter um trabalho preparado, assim não fico preocupada e não perco nunca tempo.

Pedi ao Bom Deus poder seguir os exercícios de comunidade até a minha morte; mas ele não quer! Eu bem poderia, estou certa disso, ir a todos os ofícios, não morreria por isso um minuto mais cedo. Parece-me às vezes que, se eu não tivesse dito nada, não me achariam doente.

NV 18 maio

• Dezembro 29

O silêncio faz bem

Nada junto de Jesus. Secura!... Sono!... Mas, pelo menos é o silêncio! O silêncio faz bem à alma... Mas as criaturas, oh!, as criaturas!... A *bolinha* estremece!... Compreenda o *brinquedo* de Jesus. Quando é o doce amigo mesmo que fura a sua bola, o sofrimento é só doçura, a sua mão é *tão suave!*... Mas as criaturas!... As que me rodeiam são muito boas, mas há um não sei o quê que me repugna!... Não posso explicar-lhe, compreenda sua *alminha*. Sou, contudo, *muito* feliz, feliz por sofrer o que Jesus quer que eu sofra. Se ele não pica a sua *bolinha* diretamente, é ele que dirige a mão que a fere!... Já que Jesus quer dormir, por que haveria de impedi-lo? Fico muito satisfeita por não fazer cerimônia comigo, mostra assim que não sou para ele uma estranha, pois, lhe asseguro, não se incomoda para vir conversar comigo!...

C 51

30 Dezembro

Indiferente às coisas da terra

Se soubesse o quanto sou indiferente às coisas da terra! Que me importam todas as belezas criadas? Seria muito infeliz possuindo-as, o meu coração sentir-se-ia tão vazio!... É incrível como o meu coração me parece grande quando considero os bens deste mundo, por quanto todos reunidos não o poderiam contentar; quando, porém, considero Jesus, como me parece pequenino!...

Quereria tanto amá-lo!... Amá-lo como jamais foi amado!... O meu único desejo é fazer sempre a vontade de Jesus, enxugar as lágrimas que os pecadores lhe fazem derramar... Oh! Eu *não quero* que Jesus sofra no dia dos meus desposórios; queria converter *todos* os pecadores da terra e salvar todas as almas do purgatório!

C 51

Dezembro 31

Um beijo de amor

Raiou, enfim, o "mais belo de todos os dias". Quão inefáveis são as recordações que na alma me deixaram as *mínimas circunstâncias* desta data do Céu!... Ah! Como foi afetuoso o primeiro ósculo de Jesus à minha alma!...

Foi um ósculo de *amor*. *Sentia-me amada*, e de minha parte dizia: "Amo-vos, entrego-me a vós para sempre". Não houve pedidos, lutas, sacrifícios; desde há muito Jesus e a pobre Teresinha têm se olhado e compreendido. Naquele dia não era mais um *olhar*, mas uma *fusão*; não éramos mais *dois*: Teresa desaparecera como uma gota de água que se perde no seio do oceano. Ficava só Jesus, ele era o Mestre, o Rei!

MA A 35

Epílogo
Oração para obter a humildade

Jesus! Quando éreis peregrino sobre a terra dissestes: *"Aprendei de mim que sou manso e humilde de coração e encontrareis repouso para as vossas almas"*. Ó poderoso Soberano dos céus, sim, a minha alma encontra repouso ao ver-vos revestido da forma e da natureza de escravo, abaixar-vos até lavar os pés de vossos apóstolos. Lembro-me agora das palavras que proferistes para ensinar-me a praticar a humildade: *"Dei-vos o exemplo para que façais como eu fiz. O discípulo não é maior do que o Mestre... Se compreendestes estas coisas, sereis felizes pondo-as em prática"*. Compreendo, ó Senhor, estas palavras saídas do vosso Coração manso e humilde, quero colocá-las em prática com o socorro de vossa graça.

Quero humildemente abaixar-me e submeter a minha vontade à das minhas irmãs, não contradizendo-as em coisa alguma e sem procurar saber se têm ou não direito de mandar em mim. Ninguém, ó meu Amado, tinha tal direito sobre vós, e no entanto obedecestes, não só à Santíssima Virgem e a São José, mas também a vossos carrascos. Ora, é na Hóstia que vos vejo levar ao extremo os vossos aniquilamentos. Que humildade, divino Rei da glória, ao submeter-vos a todos os vossos sacerdotes sem fazer nenhuma distinção entre os que vos amam e aqueles que, ah!, são tíbios ou frios no vosso serviço! Ao seu chamado vós descesteis do céu; eles podem antecipar ou retardar o tempo do santo sacrifício: vós estais sempre pronto!

Ó meu Amado, como me pareceis manso e humilde de coração sob o véu da hóstia branca! Não podeis abaixar-vos mais para me ensinar a humildade: para corresponder ao vosso amor, quero também desejar que as minhas irmãs me coloquem a toda hora no último lugar e persuadir-me sinceramente de que é este que me é devido.

Suplico-vos, Jesus, dar-me uma humilhação cada vez que eu procurar elevar-me acima das outras.

Eu sei, ó meu Deus, vós humilhais a alma orgulhosa, mas dais uma eternidade de glória àquela que se humilha. Quero por isso colocar-me no último lugar, condividir com vossas humilhações, para *"ter parte convosco"*[1] no reino dos céus.

Vós, porém, Senhor, conheceis a minha fraqueza: cada manhã tomo a resolução de praticar a humildade e à noite reconheço que cometi ainda repetidas faltas de orgulho. À tal vista sou tentada de desânimo, mas compreendo que também o desânimo é feito de orgulho. Quero, pois, meu Deus, fundamentar a minha esperança em vós só: já que podeis, dignai-vos fazer nascer na minha alma a virtude que desejo. Para obter essa graça da vossa infinita misericórdia, repetirei muitas vezes:

"Jesus, manso e humilde de coração,
fazei o meu coração semelhante ao vosso!"

O 14

---

[1] Jo 13,8.